PEGGY PORSCHEN

CONFEITARIA CHIC

bolos, cupcakes e guloseimas

FOTOGRAFIA POR
GEORGIA GLYNN SMITH

Para meu querido marido Bryn,
por deixar eu ter minha loja cor-de-rosa de bolos
e por dar tudo de si e mais um pouco.

Edição original: © Quadrille Publisinhg Limited, 2012

Edição brasileira
ADMINISTRAÇÃO REGIONAL DO SENAC
NO ESTADO DE SÃO PAULO
Presidente do Conselho Regional:
Abram Szajman
Diretor do Departamento Regional:
Luiz Francisco de A. Salgado
Superintendente Universitário e de Desenvolvimento:
Luiz Carlos Dourado

EDITORA SENAC SÃO PAULO
Conselho Editorial: Luiz Francisco de A. Salgado
Luiz Carlos Dourado
Darcio Sayad Maia
Lucila Mara Sbrana Sciotti
Jeane Passos Santana
Gerente/Publisher: Jeane Passos Santana
Coordenação Editorial: Márcia Cavalheiro Rodrigues de Almeida
Thaís Carvalho Lisboa
Comercial: Jeane Passos Santana
Administrativo: Luís Américo Tousi Botelho

© EDITORA BOCCATO (GOURMET BRASIL) / COOKLOVERS
Rua dos Italianos, 845 – Bom Retiro – 01131-000
São Paulo – SP – Brasil – (11) 3846-5141
www.boccato.com.br – www.cooklovers.com.br
contato@boccato.com.br
Edição: André Boccato
Tradução: Luís Henrique Fonseca
Revisão Ortográfica: Amanda Coca
e Julie Anne Caldas (TopTexto)
Fotografias: © Georgia Glynn Smith
(exceto imagem no canto superior
direito na página 05 e imagem superior
central na página 67, por © Adam Ellis)
Diagramação: Liliana Fusco Hemzo

```
Dados   Internacionais  de  Catalogação  na  Publicação  (CIP)
        (Câmara  Brasileira  do  Livro,  SP,  Brasil)
```

```
Porschen, Peggy
   Confeitaria chic : bolos, cupcakes e guloseimas /
Peggy Porschen ; [tradução Luis Henrique
Fonseca]. -- São Paulo, SP : Editora Senac São Paulo /
Boccato, 2012.

   Título original: Boutique baking

   1. Bolos (Culinária) 2. Cupcakes (Culinária)
3. Receitas I. Título.
```
```
12-05293                              CDD-641.8653
```

Índices para catálogo sistemático:

1. Bolos : Receitas : Culinária : Economia
        doméstica   641.8653

As fotografias das receitas deste livro são ensaios artísticos, não necessariamente reproduzindo as proporções e a realidade
das receitas, as quais foram criadas e testadas pelos autores, porém sua efetiva realização
será sempre uma interpretação pessoal dos leitores.

Os direitos e qualquer outra propriedade intelectual com relação às produções deste livro são detidos por Peggy
Porschen. Para os propósitos deste aviso legal, qualquer uso das produções para outros fins
que não uso pessoal, incluindo revenda, é proibido.

Proibida a reprodução sem autorização expressa. Todos os direitos reservados a Editora Senac São Paulo
Rua Rui Barbosa, 377 – 1º andar – Bela Vista – CEP 01326-010 – Caixa Postal 1120 – CEP 01032-970 – São Paulo – SP
Tel.(11) 2187-4450 – Fax (11) 2187-4486
E-mail: editora@sp.senac.br – Home page: http://www.editorasenacsp.com.br
Impresso na China
© Edição Brasileira: Editora Senac São Paulo, 2012

SUMÁRIO

12
GULOSEIMAS

34
BISCOITOS MARAVILHOSOS

54
PARAÍSO DOS CUPCAKES

84
DELICIOSOS BOLOS EM CAMADAS

120
BOLOS CLÁSSICOS

154
BEBIDAS SABOROSAS

170
A CEREJA EM CIMA DO BOLO

186
AGRADECIMENTOS

188
FORNECEDORES

190
ÍNDICE REMISSIVO

BEM-VINDOS AO *CONFEITARIA CHIC*!

É com grande satisfação que introduzo este livro baseado em receitas deliciosas do meu mais novo empreendimento: o *Peggy Porschen Parlour* (O salão de Peggy Porschen). Depois de sete anos de sucesso comandando uma empresa de design de bolos personalizados, finalmente concretizei o sonho de abrir minha primeira *boutique* de doces, localizada no bairro de Belgravia, em Londres. A loja, cheia de bolos deliciosos e confeitos, complementando variados chás e cafés artesanais, é frequentemente descrita como "o paraíso dos bolos".

Sempre fui apaixonada por confeitaria. Minhas primeiras memórias da infância são do meu primeiro aniversário, sentada ao lado de um lindo bolo coberto por marzipã com o nome "Peggy" escrito em glacê por cima. Desde então, comer bolos de aniversário e assar biscoitos de Natal com minha mãe e meu irmão eram os pontos altos do ano. Comecei a fazer meus primeiros bolos aos 14 anos e logo soube que não havia outra coisa que preferisse fazer na minha vida. Então, decidi começar uma carreira nisso. Como vim de um país famoso por sua cultura de bolos, sempre achei que o sabor é tão importante quanto a aparência, por isso, matriculei-me na escola de artes culinárias de Londres, o *Le Cordon Bleu*, onde adquiri o *grand diplome de cuisine et pâtisserie*. Em seguida, trabalhei em algumas das mais renomadas cozinhas de *pâtisserie* do Reino Unido, antes de começar meu próprio negócio, o *Peggy Porschen Cakes*, em 2003. O negócio deslanchou de imediato, e logo estava fazendo bolos para celebridades bem conhecidas, estabelecendo-me rapidamente entre os líderes no mercado de *design* de bolos. Em 2005, publiquei meu primeiro livro, *Pretty Party Cakes*, que ganhou o Prêmio Gourmand Internacional de "Melhor livro de receitas de entretenimento do mundo". A empresa foi ganhando cada vez mais força desde então e, se me perguntassem quantos bolos eu fiz desde o início, não conseguiria responder.

O *Peggy Porschen Parlour* abriu em outubro de 2010, dando-me a oportunidade de criar minha primeira coleção de *cupcakes*, bolos em camadas e produtos sazonais "prontos para comer". Anteriormente, eu criava bolos apenas sob encomenda para eventos, mas com isso, me tornei acessível para um público maior pela primeira vez. Aqueles de vocês que já conhecem meu trabalho sabem o quanto eu me preocupo em fazer meus

produtos assados lindos e perfeitos. Quando surgiu a oportunidade de abrir o salão, deparei-me com um grande desafio: criar uma coleção de bolos e assados para o dia a dia que fossem absolutamente deliciosos e, ao mesmo tempo, ficassem lindos na vitrine ao lado de bolos refinados para ocasiões especiais. Foram meses de testes, degustações, processos de tentativa e erro, mas o trabalho pesado valeu a pena. No verão de 2011, após menos de um ano da abertura, fomos premiados com 5 estrelas de ouro *great taste awards* da *Guild of Fine Food*. O cardápio do salão é um dos favoritos entre os clientes locais de Belgravia, e encontro muita satisfação e alegria em desenvolver novas ideias e gostosuras sazonais.

Decidi compartilhar com vocês uma seleção das minhas receitas favoritas neste primeiro livro inspirado pelo meu trabalho no salão. *Confeitaria Chic* é recheado de uma variedade de bolos, doces assados caseiros e confeitos de dar água na boca. Muitas ideias foram inspiradas em receitas clássicas famosas, como o bolo Battenberg de chocolate e as tortinhas Bakewell de cereja, ou receberam influências sazonais para o Natal e a primavera, além de receitas inspiradas nas minhas raízes alemãs, como os belíssimos biscoitos *springerle*

e os suntuosos *cupcakes* floresta negra. Também acrescentei uma seleção de receitas de bebidas para complementar meus doces e servir de inspiração para cardápios de reuniões de chá perfeitos.

Tomei muito cuidado para tornar cada receita acessível para confeiteiros de todos os níveis e decidi demonstrar que, utilizando ferramentas simples e técnicas fáceis, a pessoa pode pegar um bolo ou biscoito básico e, sem preocupação ou expertise, dar a ele uma aparência incrivelmente encantadora e acabamento profissional. Para confeiteiros mais experientes, que apreciam uma decoração desafiadora, introduzi algumas ideias um pouco mais elaboradas, como minha vila de biscoitos de gengibre, um belíssimo bolo de framboesa e rosas em formato de cúpula, assim como uma ideia formidável para bolo de Natal. Escrever este livro me fez redescobrir como eu amo assar bolos e biscoitos. Acho divertido e terapêutico e, sinceramente, acredito que bolos fazem as pessoas felizes. Espero que você se sinta instigado e divirta-se fazendo as receitas deste livro, e que ele se torne uma fonte inestimável de inspiração durante muitos anos.
Divirta-se!

GULOSEIMAS

SUSPIROS

ESSES MINIMERENGUES DE COR PASTEL SÃO SIMPLES MAS ADORÁVEIS; DÃO UM TOQUE ENCANTADOR À MESA DE QUALQUER OCASIÃO. FICAM COM UMA APARÊNCIA DELICIOSA SE COLOCADOS EM UM POTE CHIQUE DE VIDRO. COMO POSSUEM VALIDADE LONGA, SÃO UM PRESENTE PERFEITO QUANDO EMBALADOS EM CELOFANE.

Rende aproximadamente 100 merengues.

ingredientes

100 g de claras
Uma pitada de sal
100 g de açúcar refinado
1 colher de chá de essência de baunilha
100 g de açúcar de confeiteiro, peneirado
Corantes alimentares nas cores rosa, azul
e amarelo

material

Kit básico de confeitaria (ver na página 172)
3 sacos para confeitar grandes
3 bicos de confeitar tipo pitanga

Preaqueça o forno a 80 °C. Forre duas assadeiras com papel-manteiga.

Coloque as claras em uma batedeira com uma pitada de sal e comece a bater em velocidade alta. Tenha certeza de que a tigela não possua nenhum vestígio de gordura antes de começar, caso contrário, as claras não baterão de forma adequada.

Conforme as claras forem endurecendo, lentamente polvilhe o açúcar refinado na mistura. Pare de bater quando o merengue estiver mais firme e brilhante; cuidado para não bater demais.

Acrescente a essência de baunilha e incorpore o açúcar de confeiteiro utilizando uma espátula de silicone.

Divida o merengue em três partes iguais; mantenha a primeira parte na cor branca, misture a segunda com corante rosa, até atingir uma coloração rosa pastel, e a terceira com os corantes azul e amarelo, até atingir uma coloração azul esverdeada.

Coloque um bico tipo pitanga em cada um dos sacos de confeitar e preencha cada um com um merengue de cor diferente. Forme pequenos suspiros nas assadeiras cobertas por papel-manteiga.

Asse os merengues no forno preaquecido por 2-3 horas ou até que estejam sequinhos.

Se armazenados em um recipiente hermético e seco, estes minimerengues podem durar até 3 meses.

BOLO CROCANTE DE CHOCOLATE COM *MARSHMALLOW* E PISTACHE

ESSA RECEITA FOI INTRODUZIDA NA LOJA EM CELEBRAÇÃO AO CASAMENTO REAL DE WILLIAM E CATHERINE, DEPOIS QUE DESCOBRI QUE BOLO GELADO DE CHOCOLATE É A SOBREMESA FAVORITA DO WILLIAM E QUE SERIA SERVIDA NO CAFÉ DA MANHÃ DO CASAMENTO. É UMA RECEITA TÃO POPULAR ENTRE NOSSOS CLIENTES QUE RESOLVI ABRIR UM ESPAÇO PARA ELA NESTE LIVRO.

Rende um bolo quadrado de 20 cm.

ingredientes

200 g de manteiga sem sal, amolecida
600 g de chocolate simples (pelo menos 53% de cacau), picado ou em gotas
6 colheres de sopa de xarope de milho
290 g de biscoitos maltados, quebrados irregularmente
75 g de pistache sem casca, picado grosseiramente
150 g de avelãs sem casca, torradas e esmagadas
90 g de *marshmallows* pequenos nas cores branca e rosas

material

Kit básico de confeitaria (ver na página 172)
Forma quadrada para bolos com 20 cm ou forma funda para assar do mesmo tamanho

Forre a forma de bolo ou assadeira com papel-manteiga.

Coloque a manteiga, o chocolate e o xarope em uma tigela grande de plástico e derreta cuidadosamente no micro-ondas, em potência média.

Caso prefira, coloque esses ingredientes em uma panela e derreta vagarosamente, mexendo de tempos em tempos, até que fique uniforme.

Em outra tigela, misture os biscoitos quebrados com as castanhas e os *marshmallows*. Agregue à mistura de chocolate e mexa bem.

Vire tudo na forma ou assadeira forrada e, com a ajuda de uma espátula de silicone, espalhe uniformemente. Deixe na geladeira até que esteja firme. Corte em barras de aproximadamente 2,5 cm de espessura.

Se guardado na geladeira, o bolo crocante de chocolate dura até uma semana.

TORTINHAS *BAKEWELL* DE CEREJA

UMA VERSÃO MODERNA DE UM ACOMPANHAMENTO PERFEITO PARA O CHÁ NA INGLATERRA: A CLÁSSICA TORTA *BAKEWELL*. PARA MANTER O TEMA, SIMPLESMENTE DECORE AS TORTINHAS COM CEREJAS DE AÇÚCAR E *FONDANT* COR-DE-ROSA.

Rende aproximadamente 20 tortinhas.

ingredientes

Para a massa doce
150 g de manteiga sem sal, amolecida
90 g de açúcar refinado
30 g de ovo batido (½ ovo)
200 g de farinha de trigo
50 g de amêndoas moídas
Uma pitada de sal

Para o frangipane
115 g de manteiga sem sal, amolecida
115 g de açúcar refinado
Raspas da casca de 1 limão siciliano
1 colher de chá de essência de amêndoas
1 ovo médio
110 g de amêndoas moídas
40 g de farinha com fermento
Uma pitada de sal

Para o recheio
150 g de geleia de cereja de boa
qualidade

Para a decoração
2 colheres de sopa de geleia
de damasco
500 g de *fondant* líquido
1 colher de chá de glucose
Uma pequena quantidade de xarope
simples (se necessário, ver páginas 61-62)
Uma pequena quantidade de
pasta americana
Uma pequena quantidade de glacê real
(ver páginas 182-183)
Corantes alimentares nas cores rosa,
vermelho, verde e marrom

material

Kit básico de confeitaria
(ver na página 172)
20 miniforminhas de torta caneladas
Óleo em spray ou comum
Saco para confeitar em papel
(ver na página 184)
Termômetro para açúcar

Preaqueça o forno a 160 °C

Para fazer a massa doce
Misture a manteiga e o açúcar em uma tigela e misture bem, mas sem deixar muito aerado. Acrescente o ovo aos poucos.

Peneire a farinha, as amêndoas e o sal em outra tigela. Acrescente por partes à mistura de manteiga até que fique uniforme. Embale a massa em filme plástico e resfrie por pelo menos 1 hora.

Para fazer o *frangipane*
Bata a manteiga com o açúcar, as raspas de limão e a essência de baunilha até ficar claro e macio. Continue batendo e lentamente acrescente o ovo.

Peneire as amêndoas, a farinha e o sal em uma tigela à parte. Junte aos poucos à mistura de manteiga até que estejam combinados.

Para montar as tortinhas
Abra a massa até que fique com 2-3 mm de espessura. Coloque-a dentro das forminhas levemente untadas com óleo. Coloque uma colher de chá de geleia de cereja na base de cada uma. Coloque para gelar por 30 minutos.

Coloque o *frangipane* no saco para confeitar e preencha as tortinhas até um pouco abaixo da borda. Deixe sempre um espaço na parte de cima, pois o *frangipane* crescerá ao assar.

Asse no forno preaquecido por 15-20 minutos, até que as superfícies estejam douradas e o *frangipane* devidamente cozido. Retire as tortinhas das formas enquanto ainda estiverem quentes e deixe esfriar.

Para decorar
Depois que esfriarem, aqueça a geleia de damasco até que fique lisa e líquida. Pincele a superfície das tortas com uma fina camada de geleia e deixe descansar.

Aqueça o *fondant* em uma pequena panela em fogo médio, tomando cuidado para não ferver.

Para mergulhar, deve estar numa temperatura entre 48-52 °C e, ao levantar e derramar com uma colher, deve ter uma textura espessa, mas líquida. Caso a consistência esteja muito grossa na temperatura adequada, dilua com um pouco de xarope de açúcar.

Acrescente a glucose e o corante cor-de-rosa até atingir uma coloração rosada. Coloque o *fondant* em uma tigela funda que permita que você mergulhe as tortinhas.

Pegue uma tortinha por vez e segure-a de cabeça para baixo, mergulhando no *fondant* quente até a beirada da massa canelada. Levante e gire a tortinha rapidamente para escorrer o excesso de *fondant* e reserve.

Se a primeira mergulhada não ficar perfeita, mergulhe mais uma vez depois que a primeira estiver seca. Tenha certeza de que o seu fondant esteja sempre quente e líquido ao mergulhar, reaquecendo de tempos em tempos, conforme for necessário.

Misture dois terços da pasta americana com o corante vermelho até criar uma coloração de cereja. Faça bolinhas do mesmo tamanho da fruta com suas mãos, contando duas por torta.

Misture o último terço da pasta americana com corante verde e, utilizando um rolo de massa pequeno, abra a pasta em uma superfície polvilhada com açúcar de confeiteiro até ficar com 1-2 mm de espessura. Corte na forma de pequenas folhas e risque o meio com as costas de uma faca de cozinha pequena.

Misture uma pequena quantidade de glacê real com corante marrom até formar picos macios (ver na página 183). Encha o saco para confeitar em papel com o glacê marrom. Corte uma pequena ponta do final do cone e desenhe os cabos das cerejas por cima das tortinhas. Fixe as cerejas e as folhas por cima, utilizando o restante do glacê marrom.

PIRULITOS DE BOLO NA CASQUINHA DE SORVETE

EU SIMPLESMENTE NÃO PODIA IGNORAR A RECENTE FEBRE POR PIRULITOS DE BOLO, ENTÃO, DESENVOLVI MINHA PRÓPRIA VERSÃO, UTILIZANDO *FONDANT* PARA MERGULHAR OU *FONDANT PATISSIERE*. A TEXTURA É SUAVE, BRILHANTE E DERRETE INSTANTANEAMENTE NA BOCA.

Rende aproximadamente 12 unidades.

ingredientes

400 g de bolo de baunilha
(½ receita, ver na página 116)
600 g de *ganache* mole (ver na página 105)
12 cones de *wafer* para sorvete pequenos
Aproximadamente 1 kg de açúcar refinado ou
o suficiente para preencher
uma pequena tigela
600 g de *fondant* líquido
(também chamado de *fondant patissiere*)
1 colher de chá de glucose
Uma pequena quantidade de xarope simples
(se necessário, ver nas páginas 61-62)
Corantes alimentares variados
Granulados de açúcar

material

Kit básico de confeitaria (ver na página 172)
Bandeja
Luvas de borracha (opcional)
12 copos plásticos
Termômetro para açúcar

Seguindo a receita na página 116, faça o bolo de baunilha. Seguindo a receita na página 105, faça o ganache. Deixe esfriar até que fique com uma textura macia e amanteigada.

Preencha algumas tigelas plásticas pequenas com açúcar de forma bem compacta. Isso servirá para deixar os cones em pé enquanto o glacê de *fondant* seca.

Cubra a bandeja com papel-manteiga.

Para fazer as bolinhas de bolo

Desmanche o bolo em uma tigela. Acrescente ganache aos poucos e misture tudo até que todos os farelos de bolo estejam unidos.

Com suas mãos, forme 12 bolinhas do mesmo tamanho e disponha-as na bandeja forrada. Talvez você queira utilizar luvas de borracha para fazer isso, já que deixa as mãos cheias de chocolate. Coloque no congelador para esfriar e espere até que esteja bem firme.

Para montar as casquinhas

Coloque o ganache restante em um saco para confeitar descartável. Faça um corte a 2,5 cm da ponta do saco. Preencha um dos cones de wafer com ganache até o topo. Coloque uma das bolinhas geladas de bolo por cima e pressione para garantir que ele grude no ganache. Coloque o cone num copo plástico e leve ao congelador novamente para que fixe

PARA MONTAR AS CASQUINHAS, PREENCHA OS CONES COM *GANACHE* E PRESSIONE UMA BOLINHA GELADA DE BOLO POR CIMA. DEPOIS QUE ESTIVER FIRME, MERGULHE A BOLINHA EM *FONDANT* LÍQUIDO E CUBRA COM GRANULADOS COLORIDOS.

bem. Repita o procedimento para todos os cones e bolinhas de bolo.

Para decorar
Derreta o *fondant* no micro-ondas em potência média até que esteja líquido. Tome cuidado para não ferver, caso contrário ele perderá o brilho. Misture a glucose e acrescente um pouco de xarope de açúcar para ajustar a consistência, se for necessário. O ideal é uma textura espessa ao derramar, com uma temperatura de aproximadamente 48-52 °C ao mergulhar. Essa temperatura garantirá que o *fondant* comece a secar logo depois do mergulho.

Divida o *fondant* em partes iguais e misture com os corantes alimentares de sua preferência. Utilize tigelas pequenas com profundidade suficiente para mergulhar as bolinhas.

Pegue um cone por vez e mergulhe de cabeça para baixo no *fondant* até que atinja a borda da casquinha. Levante e gire para escorrer o excesso. Cubra com granulados coloridos enquanto o *fondant* ainda estiver mole.

Insira o cone na tigela cheia de açúcar e deixe secar. Você pode deixar alguns cones próximos uns dos outros, mas tome cuidado para que não se encostem.

Essas casquinhas durarão por até 5 dias se mantidas em temperatura ambiente. Não refrigere pois o *fondant* derreterá.

MACARONS DA PEGGY

ESSA RECEITA É PARA CONFEITEIROS MAIS EXPERIENTES, POIS PRECISA DE PACIÊNCIA E PRECISÃO. MAS NÃO SE SINTA INTIMIDADO. UMA VEZ QUE A RECEITA É DOMINADA, SEU ESFORÇO SERÁ MAIS QUE RECOMPENSADO. EU USO MINHA GELEIA DE FRAMBOESA COM ROSAS PARA O RECHEIO, MAS VOCÊ PODE CRIAR SUAS PRÓPRIAS COMBINAÇÕES DE SABOR.

Rende aproximadamente 50 *macarons* ou 100 metades.

ingredientes

200 g de amêndoas moídas
200 g de açúcar de confeiteiro
200 g de claras
200 g de açúcar refinado
100 ml de água
Corante alimentício (opcional)

material

Kit básico de confeitaria (ver na página 172)
Marcador permanente
Bico para confeitar redondo (tipo perlé) com
8 mm de diâmetro (eu uso um nº 12 da *Wiltons*)
Cortador de biscoito em forma
de coração (opcional)
Termômetro para açúcar
Sacos para confeitar descartáveis

Preaqueça o forno a 150 °C. Prepare as assadeiras para os *macarons*. Corte folhas de papel-manteiga para forrar algumas assadeiras. Utilizando a parte mais larga de um bico de confeitar redondo grande e um cortador de biscoitos em formato de coração como moldes, desenhe círculos e corações na parte de trás do papel-manteiga, em intervalos regulares.

Utilizando um processador de alimentos, rapidamente bata as amêndoas moídas junto com o açúcar de confeiteiro, até que estejam bem misturados, depois, peneire sobre uma tigela grande. Reserve (essa mistura é chamada de *tant pour tant*).

Para fazer um merengue italiano, coloque as claras em uma tigela limpa e seca. Separe 1 colher de sopa da clara para misturar ao corante mais tarde.

Coloque o açúcar refinado em uma panela pequena com a água. Dissolva o açúcar em fogo médio e depois leve o xarope à fervura. Com a ajuda de um termômetro para açúcar, meça a temperatura da calda. Quando atingir 115 °C, comece a bater as claras vagarosamente. Aumente a velocidade aos poucos até que fiquem brancas e aeradas. Quando a calda atingir 121 °C, diminua a velocidade da batedeira enquanto derrama vagarosamente a calda quente dentro das claras, num fluxo estreito e constante – derrame pelo lado da tigela para que a calda não espirre no batedor.

Depois que toda a calda for incorporada, continue batendo rapidamente até que o merengue esteja em temperatura ambiente; isso deve levar aproximadamente 5-10 minutos.

PARA CRIAR REDEMOINHOS DE LISTRAS, DESENHE TRÊS LISTRAS COM CORANTE DENTRO DO BICO DE CONFEITAR ANTES DE COLOCÁ-LO NO SACO, PREENCHÊ-LO COM A MISTURA E FORMAR OS *MACARONS*.

Depois de esfriar, acrescente o corante de sua preferência à colher de sopa de claras reservada e misture no merengue.

Utilizando a espátula de silicone, incorpore o *tant pour tant* no merengue, um terço de cada vez. Misture com muito cuidado mas bem, para que esteja uniforme ao colocar no saco. A quantidade que você incorpora neste momento e a consistência são cruciais; a mistura deve estar uniforme e cair facilmente da espátula, mas não tão líquida que não consiga manter a forma redonda do *macaron*.

Coloque o bico no saco de confeitar. Com uma espátula de silicone, preencha o saco até a metade com a mistura para *macarons*.

Utilize um pouco dessa massa para prender os quatro cantos das folhas de papel-manteiga nas assadeiras.

Faça pequenos círculos da mistura com o saco tendo os desenhos como guia. Ao terminar uma sequência de *macarons*, pare de pressionar o saco e puxe o bico, fazendo um pequeno movimento circular enquanto o tira de perto da assadeira. Isso é para que não se forme um bico na superfície do *macaron*.

Para fazer os corações, faça uma gota na parte superior de uma das metades e então arraste-a para baixo. Repita o procedimento do outro lado. Se a mistura estiver na consistência correta, sulcos pequenos que se formarem devem se desfazer, deixando a superfície uniforme.

Depois que todos os *macarons* estiverem feitos, bata as assadeiras com cuidado na bancada para trazer possíveis bolhas de ar à superfície e estoure-as com um palito. Reserve-os por um tempo para secarem: 15-30 minutos, se o ambiente estiver em condições mais secas. Deve ser possível tocar a superfície dos *macarons* sem que grude nos dedos.

Assim que estiverem com uma casca mais seca, coloque os *macarons* nas grades mais baixas do forno e imediatamente reduza a temperatura para 135 °C. Se seu forno aquece por cima, coloque uma assadeira na grade acima dos *macarons* para prevenir que dourem demais.

Asse por aproximadamente 15 minutos, virando as assadeiras na metade do processo. Os *macarons* estarão prontos quando suas superfícies estiverem secas. Retire as assadeiras do forno e coloque o papel-manteiga (com os *macarons* ainda grudados) diretamente em cima de um pano úmido. Deixe descansar por alguns minutos e então remova-os.

Armazene em um recipiente hermético em temperatura ambiente por até dois dias ou no congelador por mais tempo. Quando for consumir, faça sanduíches com o recheio de sua preferência e, uma vez recheado, deixe no refrigerador por uma hora antes de comer – isso ajuda a deixar os *macarons* macios e a desenvolver melhor o sabor.

PARA OBTER UM CORAÇÃO, FAÇA UMA GOTA NA PARTE SUPERIOR E ARRASTE PARA BAIXO. REPITA DO OUTRO LADO.

sabores

Framboesa com rosas Tinja a mistura para *macarons* com corante alimentar cor-de-rosa. Ao fazer os *macarons*, desenhe três listras grossas com corante alimentar em pasta de cor vinho para criar um efeito similar ao encontrado em doces listrados. Faça um sanduíche utilizando a geleia de framboesa com rosas (ou outra de sua escolha) como recheio – engrosse a geleia aquecendo-a por 3-4 minutos no micro-ondas. Deixe esfriar um pouco antes de utilizá-la como recheio.

Chocolate Substitua 50 g das amêndoas por 50 g de chocolate em pó e faça a receita normalmente. Se desejar, acrescente um pouco de corante marrom à mistura para obter uma coloração mais escura. Utilize *ganache* de chocolate escuro (ver na página 105) como recheio.

resolução de problemas

Claras de ovos Devem ser separadas com alguns dias de antecedência e deixadas descobertas na geladeira para que um pouco da umidade evapore e as claras se fortaleçam. As claras devem estar em temperatura ambiente quando forem utilizadas.

Macaronage Essa é a fase na qual se incorpora o *tant pour tant* no merengue. A consistência final é muito importante – se a mistura estiver muito firme, as superfícies não ficarão uniformes depois de confeitar; se estiver muito líquida, não manterá um formato adequado e pontos de gordura podem se formar na superfície dos *macarons* depois de assados. Se estiver na dúvida, teste a mistura colocando uma colher de chá cheia na assadeira e puxe para fazer um bico na superfície. Se estiver no ponto, o pico deve afundar aos poucos, voltando ao restante da mistura. Se o pico ficar lá, a mistura deve ser incorporada um pouco mais.

Secar Deixar os *macarons* secarem antes de assar é importante. Se você não os deixar secar, a superfície não ficará lisa e o "*foot*" não será bem formado na base. Se secá-los demais, ficarão lisos mas não se formará "*foot*" algum. (N. do T: "*foot*" é o nome que se dá para a base aerada do *macaron* depois de assado).

Assar Todo forno é diferente, então, é importante que você conheça o seu próprio e saiba que temperatura funciona melhor. Normalmente, é importante utilizar uma temperatura baixa para evitar que os *macarons* dourem demais e tenham uma vida útil curta pelo mesmo motivo. Alguns chefs acham que os *macarons* assam rápido demais na parte de baixo, então, recomendam a utilização de duas formas, uma em cima da outra, na hora de assá-los – eu acho que eles douram na superfície com maior facilidade, por isso, costumo colocar uma assadeira extra na grade de cima ao invés de por baixo. Se você assar os *macarons* por muito tempo, eles se soltarão com maior facilidade do papel, mas estarão secos demais e provavelmente muito dourados; se ficarem muito secos, você pode colocá-los em um recipiente hermético e deixá-los dentro da geladeira por um dia para que amoleçam. Se não estiverem assados o bastante, estarão muito moles e será difícil soltá-los do papel; eles também irão murchar e criar algo parecido com manchas de gordura na superfície.

ROSQUINHAS DE CANELA

ESSAS GULOSEIMAS ADORÁVEIS NÃO APENAS SÃO SABOROSAS E VISUALMENTE ATRAENTES, MAS TAMBÉM CONTÊM POUCA GORDURA, JÁ QUE SÃO ASSADAS AO INVÉS DE FRITAS. QUANDO DISPOSTAS EM CAIXINHAS COM BOA APRESENTAÇÃO, TORNAM-SE UM PRESENTE BEM BONITINHO.

Rende aproximadamente 36 rosquinhas.

ingredientes

110 g de farinha de trigo
½ colher de chá de fermento químico
¼ de colher de chá de canela em pó
Uma pitada de sal
65 g de açúcar refinado
25 g de açúcar mascavo claro
1 ovo médio
45 g de leite integral
40 g de leitelho
½ colher de chá de essência de baunilha
15 g de manteiga sem sal, derretida
600 g de *fondant* líquido (também chamado de *fondant patissiere*)
1 colher de chá de glucose
Uma pequena quantidade de xarope simples (se necessário, ver nas páginas 61-62)
Uma variedade de corantes alimentares líquidos
50 g de chocolate simples, derretido

material

Kit básico de confeitaria (ver na página 172)
3 assadeiras para minirrosquinhas
Óleo em spray ou óleo de cozinha
Saco para confeitar descartável (opcional)
Termômetro para açúcar

Preaqueça o forno a 160 °C. Unte as formas de rosquinhas com óleo.

Peneire a farinha, o fermento, a canela, o sal e os dois tipos de açúcar juntos em uma tigela. Em outra tigela, bata o ovo com o leite, o leitelho, a essência de baunilha e a manteiga derretida.

Vire os ingredientes líquidos sobre os secos, mexendo brevemente até que estejam misturados.

Distribua a massa nas formas com ou sem o auxílio de um saco para confeitar, preenchendo apenas até a metade.

Asse por 10-12 minutos ou até que a superfície, ao ser apertada levemente, retorne à sua forma original e esteja levemente dourada.

Derreta o *fondant* no micro-ondas em potência média até que esteja líquido. Tome cuidado para não ferver, caso contrário ele perderá o brilho. Misture a glucose e acrescente um pouco de xarope de açúcar para ajustar a consistência, se for necessário. O ideal é uma textura espessa ao derramar. A temperatura deve ser de aproximadamente 48-52 °C. Essa temperatura garantirá que o *fondant* comece a secar logo depois do mergulho.

Divida o *fondant* igualmente em tigelas pequenas e fundas, misturando em seguida com corantes de sua preferência.

Mergulhe cada rosquinha de cabeça para baixo no *fondant* até a metade. Reserve para que seque e então risque com o chocolate derretido utilizando uma colher ou garfo. Deixe secar.

MARSHMALLOW PUFFS

SIRVA ESSAS ALEGRES GOTAS DE *MARSHMALLOW* JUNTO COM UMA XÍCARA DE CHOCOLATE QUENTE CASEIRO (VER NAS PÁGINAS 164-5). EU FAÇO OS MEUS EM FORMATO DE CÚPULAS, MAS VOCÊ PODE TAMBÉM ESPALHAR O MARSHMALLOW EM UMA ASSADEIRA E UTILIZAR CORTADORES DE BISCOITO PARA CRIAR FORMATOS DIVERTIDOS.

Rende aproximadamente 60-70 unidades pequenas.

ingredientes

280 ml de água
6 folhas de gelatina
620 g de açúcar refinado
130 g de glucose
70 g de claras (aproximadamente 2 ovos grandes), em temperatura ambiente
Uma pitada de sal
Sementes de uma fava de baunilha
Corantes alimentares nas cores rosa, lilás e verde

material

Kit básico de confeitaria (ver na página 172)
Termômetro para açúcar
Sacos para confeitar descartáveis
Formas de silicone com moldes em formato de cúpulas com 4,5 cm de diâmetro
Óleo em spray ou óleo de cozinha

Coloque as folhas de gelatina em uma panela com 130 ml de água. Deixe de molho por 10-15 minutos. Cuidadosamente, aqueça a água até que as folhas se dissolvam. Se preferir, outro método seria dissolver a gelatina utilizando o micro-ondas em potência média-baixa, em alguns intervalos com tempos curtos.

Coloque 320 g do açúcar refinado e a glucose em uma panela pequena com o restante da água. Aqueça com delicadeza em fogo baixo até que o açúcar se dissolva, então aumente o fogo e deixe ferver.

Com a ajuda de um termômetro para açúcar, meça a temperatura da calda. Quando atingir 115 °C, coloque as claras em uma tigela com a gelatina dissolvida e o sal e comece a bater. Quando a calda atingir 121 °C, diminua a velocidade da batedeira enquanto derrama vagarosamente a calda quente dentro da mesma num fluxo estreito e constante – derrame pelo lado da tigela para que a calda não espirre no batedor.

Depois que toda a calda tiver sido incorporada nas claras, continue batendo até que o *marshmallow* esteja em temperatura ambiente.

Depois de esfriar, acrescente as sementes de baunilha.

Para criar uma combinação de cores, divida a mistura em partes iguais e incorpore o corante alimentar com uma espátula. Coloque cada mistura em um saco para confeitar usando uma espátula de silicone. Faça um corte a 2,5 cm da ponta do saco e forme os *mashmallows* nos moldes untados com óleo. Reserve e deixe secar por várias horas.

Enquanto isso, faça o açúcar colorido para polvilhar. Divida o restante do açúcar em 3 tigelas e misture cada um com algumas gotas de corante alimentar, para que fiquem com as mesmas cores que os *marshmallows*. Peneire antes de usar para que não haja grumos.

Depois que estiverem bem secos, remova os *marshmallows* das formas e passe no açúcar que tenha a mesma cor. Deixe-os secar descobertos durante a noite antes de armazenar em recipientes herméticos. Os *marshmallows* podem ser guardados assim por 5 dias.

BISCOITOS MARAVILHOSOS

BISCOITOS CÍTRICOS DE BORBOLETAS

ESTAS BORBOLETAS LINDAS COM UM SABOR FRESCO E COM TOQUE CÍTRICO SÃO O ACOMPANHAMENTO PERFEITO PARA UMA XÍCARA DE CHÁ AROMÁTICA. A DECORAÇÃO MÍNIMA, EMBORA INTELIGENTE, CRIA UM AR DE PRODUTO ARTESANAL, ACRESCENTANDO UM TOQUE DE *FINESSE* SEM COMPROMETER O SABOR.

Rende aproximadamente 25 biscoitos.

ingredientes

250 g de manteiga sem sal, amolecida
Uma pitada de sal
250 g de açúcar refinado
Para os biscoitos de laranja
Raspas finas da casca de 2 laranjas
Para os biscoitos de limão-siciliano
Raspas finas da casca de 3 limões-sicilianos
Para os biscoitos de limão
Raspas finas da casca de 3 limões
1 ovo grande
500 g de farinha de trigo, e mais um pouco para polvilhar
Açúcar de confeiteiro, para polvilhar

material

Kit básico de confeitaria (ver na página 172)
Cortadores de biscoito variados com formato de borboletas
Diferentes tipos de estêncil para bolos ou biscoitos, ou então algumas toalhinhas de renda

Preaqueça o forno a 175 ºC. Forre uma assadeira com papel-manteiga.

Para fazer os biscoitos
Coloque a manteiga, o sal e as raspas da fruta cítrica de sua escolha em uma tigela e misture até obter uma textura cremosa.

Bata o ovo brevemente em outra tigela e acrescente à mistura de manteiga aos poucos, sem parar de bater a mistura, até que tudo esteja bem incorporado.

Peneire a farinha e misture até que a massa ganhe forma. Junte a massa formando uma bola, embale em filme plástico e resfrie por pelo menos 30 minutos ou até que esteja firme e gelada.

Coloque a massa em uma superfície polvilhada com farinha e sove um pouco.

Abra a massa até que a espessura seja de 3-4 mm. Utilizando os cortadores em formato de borboletas, corte a massa e disponha os biscoitos na assadeira forrada. Resfrie mais uma vez por 30 minutos ou até que fiquem firmes e gelados.

Asse por 6 minutos ou até que as bordas dos biscoitos estejam douradas.

Depois de assados, deixe-os descansando fora do forno por 30 minutos.

Para decorar
Depois que os biscoitos esfriarem, coloque os estêncis ou toalhinhas rendadas sobre os biscoitos. Com uma peneira fina, polvilhe açúcar de confeiteiro com cuidado sobre os biscoitos. Ao levantar os estêncis ou toalhinhas você verá os desenhos bonitos que se formaram.

dica

Sempre asse biscoitos do mesmo tamanho juntos, caso contrário, os menores queimarão enquanto os maiores ainda não estarão no ponto.

BISCOITOS *SPRINGERLE*

ESTA RECEITA ALEMÃ É, POR TRADIÇÃO, FEITA UTILIZANDO MOLDES DE MADEIRA ESCULPIDOS À MÃO. ELA LEVA SAL AMONÍACO COMO AGENTE DE CRESCIMENTO, QUE PERMITE QUE OS BISCOITOS MANTENHAM SUA FORMA. QUANDO FEITOS NA ÉPOCA DO NATAL, SÃO PERFEITOS COMO DECORAÇÃO DE ÁRVORES OU PARA DAR DE PRESENTE.

Rende aproximadamente 20 biscoitos.

ingredientes

¼ de colher de chá de sal amoníaco ou fermento químico
1 colher de sopa de leite
3 ovos médios
380 g de açúcar de confeiteiro
Raspas finas da casca de 1 limão-siciliano
50 g de manteiga com sal, amolecida
500 g de farinha de trigo, mais um pouco para polvilhar

material

Kit básico de confeitaria (ver na página 172)
Moldes de madeira tipo *Springerle*

Faça a massa um ou dois dias antes de assar.

Para fazer os biscoitos

Em uma tigela, coloque o sal amoníaco (ou fermento químico) e o leite. Misture e reserve. Tenha em mente que o sal amoníaco exala um cheiro forte.

Em outra tigela, bata os ovos até que se tornem um creme espesso, aerado e de cor amarelo-claro. Acrescente aos poucos o açúcar de confeiteiro, as raspas de limão-siciliano e a manteiga dividida em partes pequenas. Em seguida, junte a mistura de sal amoníaco. Continue a mexer por mais 30 minutos.

Acrescente a farinha aos poucos. Quando a massa se tornar muito difícil de misturar, sove-a enquanto agrega a farinha remanescente gradativamente. A textura deve ser leve e não muito grudenta. Quando atingir a textura desejada, não acrescente mais farinha, ou ela endurecerá muito rápido.

Abra a massa em uma superfície polvilhada com farinha até que fique com 10-15 mm de espessura. Pressione o molde na massa com firmeza e levante-o.

Com a ajuda de uma faca, apare o excesso de massa das bordas do desenho em relevo. Outro método é utilizar um cortador de biscoitos, caso você tenha um do tamanho correto. No caso de moldes ovais, corte ao redor do molde antes de levantá-lo, para evitar que o desenho rasgue.

Transfira os biscoitos para uma assadeira forrada com papel-manteiga. Deixe-os secar em temperatura ambiente por 24-48 horas, dependendo do tamanho.

Preaqueça o forno a 225 °C e asse por 15-20 minutos, dependendo do tamanho, ou até que os biscoitos estejam levemente dourados por baixo mas ainda claros na superfície. Durante o cozimento, a base dos biscoitos cresce deixando a superfície em perfeito estado.

Esses biscoitos são macios e gostosos de mastigar, mas endurecem logo. Se armazenados em um recipiente hermético duram até um mês, mas, se os fizer com fins decorativos apenas, duram muitos meses.

BISCOITOS FLORIDOS

ESTA É UMA FORMA RÁPIDA E FÁCIL DE DECORAR UM BISCOITO SIMPLES: UTILIZANDO UM MOLDE DE SILICONE PARA FAZER AS FLORES DE PASTA AMERICANA. SE FOREM FEITOS EM DIVERSAS CORES BONITAS, TORNAM-SE PRESENTES OU LEMBRANCINHAS FORMIDÁVEIS.

Rende aproximadamente 30-40 biscoitos.

ingredientes

200 g de manteiga sem sal,
amolecida
200 g de açúcar refinado
Sementes de 1 fava de baunilha
Uma pitada de sal
1 ovo médio
400 g de farinha de trigo, mais um
pouco para polvilhar
600 g de pasta americana
2 colheres de chá de goma adragante
Corante comestível em pasta nas
cores amarelo, laranja, rosa
e vermelho
Uma pequena quantidade de gordura
vegetal branca (opcional)
Uma pequena quantidade de geleia
de damasco (peneirada)

material

Kit básico de confeitaria
(ver na página 172)
Cortador redondo com 4-5 cm
de diâmetro
Molde de silicone em formato de
crisântemo (eu uso um molde da
marca *First Impressions*)

Preaqueça o forno a 175 °C. Forre duas assadeiras com papel-manteiga.

Para fazer os biscoitos

Coloque a manteiga, o açúcar, as sementes de baunilha e o sal em uma tigela e misture bem, até que forme uma mistura uniforme e cremosa.

Bata o ovo de leve em outra tigela e acrescente à mistura de manteiga aos poucos, mexendo sempre, até que seja completamente incorporado.

Peneire a farinha e misture até que a massa ganhe forma. Junte a massa em uma bola, embale em filme plástico e refrigere por 30 minutos, ou até que fique firme e gelada.

Coloque a massa sobre uma superfície polvilhada com farinha e sove um pouco. Abra a massa até que fique com 4-5 mm de espessura. Corte 30 discos com o cortador de biscoitos e disponha-os sobre as assadeiras. Resfrie por mais 30 minutos ou até ficarem gelados e firmes.

Asse por 6 minutos ou até que os biscoitos estejam dourados nas bordas. Depois de assados, deixe os biscoitos descansarem fora do forno por 30 minutos.

Para decorar

Sove a pasta americana com a goma adragante até que fique firme e elástica.

Divida a pasta em 4 partes iguais e misture a primeira com um pouco de corante comestível amarelo para que fique com uma coloração de limão-siciliano, a segunda, com corante laranja, para que fique com cor de pêssego, e a terceira, com rosa, para que que fique rosa claro. Para criar a cor coral, misture um pouco dos corantes comestíveis em pasta vermelho e laranja e use para colorir a quarta parte. Se a pasta estiver grudando nos seus dedos ao misturar o corante, acrescente um pouco de gordura vegetal.

Depois de colorir a pasta americana, cubra com filme plástico para que não seque. Deixe descansar por 30 minutos para que fique mais firme.

Seguindo as instruções na página 175, faça uma flor de crisântemo para cada biscoito, utilizando as pastas americanas de cores diferentes.

Para fixar as flores nos biscoitos, aqueça a geleia de damasco um pouco em uma panela. Pincele uma fina camada da geleia sobre cada biscoito e coloque as flores por cima. Deixe secar.

COLHERES DE BISCOITO DE CHOCOLATE

O SEGREDO ESTÁ NOS DETALHES... UMA DELICADA COLHERZINHA DE BISCOITO DE CHOCOLATE PODE DAR AQUELE TOQUE ESPECIAL A UMA SIMPLES XÍCARA DE CHÁ.

Rende aproximadamente 30 biscoitos.

ingredientes

200 g de manteiga sem sal, amolecida
200 g de açúcar refinado
Uma pitada de sal
1 ovo médio
350 g de farinha de trigo, peneirada, e mais
um pouco para polvilhar
50 g de chocolate em pó, peneirado

material

Kit básico de confeitaria (ver na página 172)
Cortador de biscoito em formato de colher

Preaqueça o forno a 175 °C. Forre uma assadeira com papel-manteiga.

Para fazer os biscoitos
Coloque a manteiga, o açúcar e o sal em uma tigela e misture até formar um creme uniforme.

Bata o ovo levemente em outra tigela e acrescente à mistura de manteiga aos poucos, mexendo até que seja completamente incorporado.

Peneire a farinha e o chocolate em pó e misture tudo até que a massa ganhe forma. Junte a massa em uma bola, embale em

filme plástico e refrigere por 30 minutos, ou até que fique firme e gelada.

Coloque a massa sobre uma superfície polvilhada com farinha e sove um pouco. Abra a massa até que fique com 3-4 mm de espessura. Corte 30 biscoitos com o cortador em forma de colher e disponha-os sobre a assadeira. Resfrie por mais 30 minutos ou até ficarem gelados e firmes.

Asse por 6 minutos ou até que os biscoitos, aos serem levemente pressionados, retornem à forma original. Depois de assados, deixe-os descansar fora do forno por 30 minutos.

VOCÊ PRECISARÁ DE DOIS SACOS PARA CONFEITAR DE PAPEL PARA CADA COR: UM COM GLACÊ DE PICOS MACIOS, PARA OS CONTORNOS, E OUTRO COM GLACÊ MAIS LÍQUIDO, PARA PREENCHER AS FORMAS.

CALENDÁRIO DO ADVENTO COM BISCOITOS

ESSA É UMA ÓTIMA IDEIA PARA UM CALENDÁRIO DO ADVENTO CASEIRO. PARA PENDURAR NA PAREDE, GRUDE OS BISCOITOS NUMA BASE PARA BOLOS COBERTA DE PASTA AMERICANA. OUTRA FORMA SERIA PENDURAR OS BISCOITOS POR FITAS EM UMA GUIRLANDA OU ÁRVORE DE NATAL.

Rende aproximadamente 24 biscoitos.

ingredientes

Uma receita de massa para biscoitos de gengibre (ver na página 48)
Farinha de trigo para polvilhar
600 g de glacê real (ver nas páginas 182-183)
Corantes comestíveis em pasta nas cores vermelho, verde, rosa, marfim, preto e laranja
Brilho dourado comestível em pó
Uma pequena quantidade de álcool incolor, como vodca
Uma pequena quantidade de geleia de brilho

material

Kit básico de confeitaria (ver na página 172)
Cortadores de biscoitos temáticos de Natal variados (ex.: Papai Noel, boneco de neve, floco de neve, árvore de Natal, trenó, enfeites de Natal, estrela, bengala de açúcar, meia) e um cortador quadrado
Sacos para confeitar de papel (ver na página 184)
Sacos plásticos com fecho
Pincel achatado largo

QUANDO FOR UTILIZAR UM BRILHO COMESTÍVEL, PRIMEIRO CUBRA O BISCOITO COM GLACÊ DE COR MARFIM, POIS ELE CRIA UMA BOA BASE PARA O PÓ DOURADO.

Preaqueça o forno a 180 °C. Forre duas assadeiras com papel-manteiga.

Para fazer os biscoitos

Em uma superfície polvilhada com farinha, abra a massa para biscoitos de gengibre até que fique com 4-5 mm de espessura. Com sua seleção de cortadores natalinos, corte biscoitos em formatos variados e coloque-os nas assadeiras forradas. Refrigere por pelo menos 30 minutos.

Asse por 6-8 minutos, dependendo do tamanho, ou até que os biscoitos, ao serem pressionados levemente, retornem à sua forma original e tenham bordas ligeiramente mais escurecidas.

Depois de assados, deixe os biscoitos descansarem por 30 minutos fora do forno.

Para decorar os biscoitos com glacê

Siga as instruções na página 184 para preparar os sacos para confeitar de papel. Serão necessários dois sacos para cada cor de glacê: um com glacê de picos macios, para fazer os contornos, e outro com glacê mais líquido, para preencher as formas desenhadas. Depois de preparados, mantenha cada saco para confeitar em um saco plástico com fecho, para evitar que o glacê seque enquanto não o utiliza.

Quando for decorar biscoitos com glacê, sempre faça o contorno e preencha uma cor por vez, deixando o glacê secar completamente antes de decorar com glacê de outra cor. Isso ajuda a evitar que as cores se misturem.

Para cada cor, pegue o saco com glacê de picos macios e corte um pedaço pequeno da ponta do saco. Desenhe o contorno da parte que deseja colorir no biscoito. Em seguida, pegue o saco com o glacê mais líquido da mesma cor e utilize-o para preencher a forma desenhada.

Depois que todos os biscoitos estiverem cobertos nas cores desejadas e devidamente secos, utilize glacê de picos macios de diversas cores para desenhar mais detalhes que sejam necessários.

Os biscoitos em forma de flocos de neve não são preenchidos com nenhuma cor, e os detalhes devem ser desenhados diretamente no biscoito com glacê de picos macios.

Para decorar com brilho dourado

Cubra os biscoitos com glacê de cor marfim e deixe secar. Isso cria uma boa base para o brilho dourado. Misture pequenas quantidades de brilho dourado comestível em pó com álcool incolor potável e geleia de brilho para fazer uma pasta espessa. Com um pincel achatado largo, pincele a cobertura de glacê marfim com essa pasta e deixe secar.

VILA DE BISCOITOS DE GENGIBRE

CRIE UMA COLEÇÃO ADORÁVEL DE CASAS, PESSOAS E FLOCOS DE NEVE DE BISCOITO DE GENGIBRE PARA PENDURAR NA ÁRVORE DE NATAL.

Rende aproximadamente 25-30 biscoitos, dependendo do tamanho.

ingredientes

5 colheres de sopa de água
210 g de açúcar mascavo claro
3 colheres de sopa de melaço
3 colheres de sopa de xarope de milho
3 colheres de sopa de gengibre em pó
1 colher de chá de cravo em pó
250 g de cubos de manteiga com sal gelada
1 colher de chá de bicarbonato de sódio
560 g de farinha de trigo, e mais um pouco
para polvilhar
½ receita de glacê real
(ver nas páginas 182-183)

material

Kit básico de confeitaria (ver na página 172)
Uma variedade de cortadores com formatos
de casa, floco de neve e bonecos de biscoito
Pequena furadeira com broca para uso
alimentar apenas, com aproximadamente
4 mm de diâmetro
Estêncis feitos a laser com desenhos de casas
Saco para confeitar de papel
(ver na página 184)
Minibengalas de açúcar (opcional)
Fita xadrez vermelha e branca, para pendurar

Preaqueça o forno a 200 °C. Forre duas assadeiras com papel-manteiga.

Para fazer os biscoitos de gengibre
Em uma panela funda, coloque a água, o açúcar mascavo, o melaço, o xarope de milho, o gengibre, a canela e o cravo em pó. Mexendo sem parar, leve à fervura em fogo médio. Retire do fogo e, acrescente os cubos de manteiga aos poucos e misture até que toda a manteiga seja incorporada. Acrescente o bicarbonato: cuidado, pois a mistura irá crescer nesse momento. Deixe a mistura esfriar em temperatura ambiente.

Depois que esfriar, passe a mistura para uma tigela grande. Peneire a farinha e, com cuidado, misture tudo até formar uma massa úmida e grudenta. Embrulhe em filme plástico e resfrie por 2 horas ou até que esteja firme e gelada.

Em uma superfície polvilhada com farinha, abra a massa até que fique com 5-6 mm de espessura. Utilizando os cortadores, corte diversos flocos de neve, casas e bonecos,

colocando-os nas assadeiras forradas. Resfrie por pelo menos 30 minutos.

Asse por 8-10 minutos, dependendo do tamanho, ou até que os biscoitos, ao serem pressionados levemente, retornem à sua forma original e as bordas estejam um pouco mais escuras.

Para fazer os buracos para as fitas
Depois que os biscoitos estiverem assados, tire-os do forno e deixe que esfriem por completo. Para fazer os furos, use uma pequena furadeira elétrica com uma broca limpa e esterilizada. Coloque o biscoito em uma grade de esfriar biscoitos e bolos e, então, segurando a furadeira na vertical, faça um pequeno furo na parte superior do biscoito. Esse método ajuda a evitar que o biscoito se quebre.

Outra forma seria utilizar um cortador redondo bem pequeno ou a ponta de um bico para confeitar para fazer os furos, com os biscoitos ainda quentes (ao optar por esse método, cuidado para não se queimar).

UTILIZAR UM ESTÊNCIL PARECE MAIS DIFÍCIL DO QUE REALMENTE É. DEPOIS QUE O GLACÊ TOCA O BISCOITO, ELE IRÁ AJUDAR A MANTER O ESTÊNCIL NO LUGAR.

Para decorar os biscoitos com glacê
Prepare o glacê real seguindo as instruções na página 182, deixando-o com uma consistência de picos macios. Mantenha o glacê coberto com um pano úmido para evitar que resseque.

Para decorar as casas, coloque o estêncil sobre o biscoito, segurando em uma das pontas para que não se mova. Com uma espátula de confeitar, pegue uma pequena quantidade de glacê e espalhe em uma camada fina sobre o estêncil, prestando atenção para que todos os espaços sejam preenchidos. Esse processo parece mais complicado do que realmente é, já que, uma vez que o glacê tocar no biscoito, ajudará a manter o estêncil no lugar. Levante o estêncil com cuidado e deixe o biscoito secar. Limpe o estêncil antes de utilizá-lo novamente.

Para decorar o floco de neve e os bonecos e bonecas de biscoito, prepare um saco para confeitar de papel seguindo as instruções na página 184. Preencha o saco com glacê real com consistência de picos macios e corte uma parte pequena da ponta. Desenhe os contornos e detalhes em cada biscoito como desejar. Utilize o mesmo saco para desenhar um contorno nas casas de biscoito. Enquanto o glacê ainda está úmido, grude bengalas de açúcar nos bonecos de gengibre.

Depois que todos os biscoitos estiverem decorados e secos, passe pedaços de fita xadrez vermelho e branco pelos furos e pendure os biscoitos em uma árvore.

dica

Condições úmidas podem deixar os biscoitos de gengibre moles. Se o ar estiver muito seco, o glacê pode se soltar.

O SEGREDO PARA CONFEITAR CURVAS PERFEITAS É UTILIZAR O "MÉTODO DO LEVANTAMENTO" DESCRITO NA PÁGINA 185, NO QUAL O SACO FICA UM POUCO ACIMA DO BISCOITO.

ESTRELAS DE VINHO QUENTE

ESTA RECEITA DE BISCOITO SIMPLES, MAS DELICIOSA, É PERFEITA PARA O NATAL.
APRECIE COM UMA TAÇA DE VINHO QUENTE (VER NA PÁGINA 168).
ELES PODEM SER FEITOS TAMBÉM COM COMPOTA DE LARANJA COM ESPECIARIAS.
Rende aproximadamente 20 biscoitos.

ingredientes

250 g de manteiga sem sal, amolecida
250 g de açúcar refinado
1 colher de chá de canela em pó
Uma pitada de sal
1 ovo grande
500 g de farinha de trigo, e mais um
pouco para polvilhar
Açúcar de confeiteiro, para polvilhar
350 g de geleia de vinho quente,
ou outra geleia de boa qualidade
e de sabor condimentado

material

Kit básico de confeitaria (ver na página 172)
Dois cortadores de biscoitos em forma de
estrela, um grande e um pequeno

Preaqueça o forno a 175 °C. Forre uma assadeira com papel-manteiga.

Para fazer os biscoitos
Coloque a manteiga, o açúcar, a canela e o sal em uma tigela e misture até que se torne um creme uniforme.

Bata o ovo um pouco em outra tigela e incorpore à mistura de manteiga aos poucos, mexendo bem até que esteja bem homogêneo.

Peneire a farinha e misture até que a massa ganhe forma. Junte em uma bola, embrulhe em filme plástico e resfrie por pelo menos 30 minutos, ou até que a massa esteja firme e gelada.

Coloque a massa sobre uma superfície polvilhada com farinha e sove um pouco.

Abra a massa até que fique com uma espessura de 3-4 mm. Com um cortador grande em forma de estrela, corte 30 estrelas e coloque-as na assadeira forrada.

Com o cortador pequeno, corte o centro de 15 dos biscoitos em forma de estrela. Você pode reutilizar essa massa cortada para fazer mais algumas estrelas. Resfrie por mais 30 minutos, ou até que a massa esteja firme e gelada.

Asse por 6 minutos, ou até que as bordas estejam douradas.

Depois de assados, deixe os biscoitos descansarem fora do forno por 30 minutos.

Para montar os biscoitos
Aqueça a geleia com cuidado em uma panela, até que esteja cremosa e uniforme. Espalhe uma colher de chá de geleia uniformemente sobre as estrelas inteiras.

Polvilhe as estrelas furadas levemente com açúcar de confeiteiro e coloque-as sobre as estrelas cobertas de geleia.

PARAÍSO DOS *CUPCAKES*

CUPCAKES DE *BANOFFEE*

ESTA RECEITA É UMA DAS FAVORITAS DOS CLIENTES DO SALÃO: UMA FUSÃO DE *BANANA SPLIT* E TORTA *BANOFFEE*. É UMA DELICIOSA COMBINAÇÃO DE BOLO DE BAUNILHA COM GOTAS DE CHOCOLATE PEDAÇUDAS, COBERTURA MACIA E UM SEGREDO: RECHEIO SURPRESA DE CARAMELO CREMOSO COM PEDAÇOS DE BANANA.

Rende aproximadamente 24 *cupcakes*.

ingredientes

Para a decoração
50 g de pasta americana branca
Uma pequena quantidade de gordura vegetal branca
Corantes comestíveis em pasta nas cores amarelo e marrom
Uma pequena quantidade de glacê real (ver nas páginas 182-183)

Para a cobertura
200 g de cream cheese (não *light*)
200 g de manteiga sem sal, amolecida
500 g de açúcar de confeiteiro, peneirado
50 g de purê de banana congelado (ou faça você mesmo esmagando uma banana fresca)

Para a massa
200 g de manteiga sem sal, amolecida
200 g de açúcar refinado
Uma pitada de sal
Sementes de 1 fava de baunilha
4 ovos médios
200 g de farinha de trigo com fermento
70 g de chocolate simples (com pelo menos 53% de cacau), picado finamente

Para a calda de açúcar
150 ml de água
150 g de açúcar refinado
1 fava de baunilha sem sementes

Para o recheio
200 g de doce de leite ou caramelo cremoso (ou faça você mesmo cozinhando uma lata de leite condensado em água por 3 horas)
1 banana madura grande

material

Kit básico de confeitaria (ver na página 172)
Tábua antiaderente pequena
Cortador para flor de 5 pétalas e forma para fazer os vincos
Paleta para pintura ou placa de espuma perfurada, para secar as flores
Duas assadeiras com 12 buracos para *muffins*
24 formas de papel marrom grandes para *cupcakes*
Boleador de melão
Sacos para confeitar descartáveis
Bico para confeitar redondo (tipo *Perlé*) grande

Para fazer a decoração

Faça as flores de pasta americana com um dia de antecedência seguindo as instruções na página 174. Considere uma flor para cada *cupcake*.

Misture a pasta americana com um pouco de gordura vegetal e corante comestível marrom em pasta para que fique com cor de chocolate. Misture o glacê real com o corante comestível amarelo em pasta seguindo as instruções nas páginas 182-183. Com um cortador de flores e uma forma para fazer os vincos, faça 24 flores e confeite o centro com o glacê amarelo. Deixe secar.

Preaqueça o forno a 175 °C. Coloque as formas de papel dentro da assadeira para *muffins*.

Para fazer a cobertura

Coloque o *cream cheese* em uma tigela e bata até que fique uniforme e cremoso.

Coloque a manteiga e o açúcar de confeiteiro em outra tigela. Guarde a fava de baunilha para a calda de açúcar. Bata até que fique bem claro e aerado.

Junte o *cream cheese* aos poucos e bata em velocidade média-alta até que esteja bem misturado. Acrescente o purê de banana. Refrigere até que fique firme.

Para fazer os *cupcakes*

Em uma tigela, coloque a manteiga, o açúcar, o sal e as sementes de baunilha e bata até que fique claro e aerado.

Bata os ovos levemente em outra tigela e acrescente aos poucos à mistura de manteiga sem parar de bater. Se começar a se separar ou coalhar, pare de acrescentar os ovos, junte 2-3 colheres de sopa de farinha e bata mais um pouco. Isso dará liga à massa.

Assim que os ovos estiverem incorporados por completo à mistura de manteiga, peneire a farinha restante e misture tudo até que os ingredientes estejam bem combinados. Isso ajuda a massa a ficar leve e aerada. Incorpore o chocolate picado com uma espátula de silicone.

Com um saco para confeitar descartável ou uma colher de sopa, preencha as formas de papel com a massa apenas até dois terços do volume. Asse por 12-15 minutos, dependendo do seu forno. Os *cupcakes* estarão cozidos quando suas superfícies estiverem douradas e, ao serem apertadas com o dedo, retornarem ao seu formato original. Se ainda houver dúvida, insira uma faca limpa ou palito no centro de cada bolo; ele deve sair limpo.

Para fazer a calda de açúcar

Enquanto os *cupcakes* estiverem assando, prepare a calda de açúcar para molhá-los depois. Em uma panela, coloque a água, o açúcar e a fava de baunilha e leve à fervura. Cozinhe lentamente até que todo o açúcar seja dissolvido. Retire do fogo e deixe esfriar um pouco. Descarte a fava de baunilha.

Assim que os *cupcakes* estiverem assados, deixe-os descansar fora do forno por aproximadamente 10 minutos. Com um pincel para massas, molhe a superfície dos *cupcakes* com a calda de açúcar enquanto ainda estiverem quentes; isso faz com que a calda seja absorvida mais rápido.

Quando já estiverem mornos, retire os *cupcakes* da assadeira e deixe-os esfriar sobre uma grade.

Depois que esfriarem, embrulhe os *cupcakes* em filme plástico e refrigere-os por 1 hora, ou até que a massa esteja mais firme ao ser tocada. Com um boleador de melão, abra um buraco na superfície de cada *cupcake*.

Para colocar o recheio

Esmague a banana madura com um garfo e misture com o doce de leite. Coloque essa mistura de *banoffee* em um saco para confeitar descartável e preencha os buracos nos *cupcakes*.

Para decorar

Prepare um saco para confeitar descartável com um bico redondo grande seguindo as instruções na página 178. Preencha o saco com a cobertura gelada. Confeite cada *cupcake* com a cobertura em espiral.

Para finalizar, coloque uma flor de pasta americana em cima da cobertura de cada *cupcake*.

CUPCAKES DE CARAMELO GRUDENTO

ESSE É O CUPCAKE MAIS POPULAR DO SALÃO POR CAUSA DO RECHEIO DE CARAMELO VISCOSO. É UM BOLINHO BEM ÚMIDO, COM TEXTURA SIMILAR À DE UM PUDIM. É PERFEITO PARA DIAS FRIOS E CHUVOSOS NO OUTONO.

Rende aproximadamente 24 *cupcakes*.

ingredientes

Para a decoração

Aproximadamente 250 g de marzipã

Uma pequena quantidade de gordura vegetal branca

Pó brilhante comestível nas cores dourado e cobre

Para a cobertura

200 g de *cream cheese* (não *light*)

200 g de manteiga sem sal, amolecida

500 g de açúcar de confeiteiro, peneirado

120 g de doce de leite ou caramelo mole (ou faça você mesmo cozinhando uma lata de leite condensado em água por 3 horas)

Para a mistura do bolo

70 ml de água

290 g de tâmaras, sem caroço e picadas grosseiramente

1 e ½ colher de chá de essência de baunilha

130 g de manteiga sem sal, amolecida

240 g de açúcar mascavo escuro

290 g de farinha de trigo com fermento

1 e ½ colher de chá de bicarbonato de sódio

3 ovos grandes

145 g de nozes, picadas e torradas

Para a calda de açúcar

150 ml de água

150 g de açúcar refinado

Para o recheio

Aproximadamente 250 g de doce de leite ou caramelo mole (ver acima)

material

Kit básico de confeitaria (ver na página 172)

Molde para folhas de outono (eu uso um da marca *First Impressions*)

Pincel macio grande

Paleta para pintura ou placa de espuma perfurada, para secar as folhas

2 assadeiras com 12 buracos para *muffins*

24 formas de papel marrom grandes para *cupcakes*

Sacos para confeitar descartáveis

Bico para confeitar redondo (tipo *Perlé*) grande

Para fazer a decoração

Faça as folhas de outono com pelo menos um dia de antecedência, seguindo as instruções na página 177. Considere uma folha por *cupcake*.

Preaqueça o forno a 175 °C. Prepare as assadeiras colocando as formas de papel nos buracos.

Para fazer a cobertura

Coloque o *cream cheese* em uma tigela e bata até que fique uniforme e cremoso.

Coloque a manteiga e o açúcar de confeiteiro em outra tigela e bata até que fique bem claro e aerado.

Junte o *cream cheese* aos poucos à mistura de manteiga e bata em velocidade média-alta até que esteja bem misturado. Acrescente o doce de leite. Refrigere até que fique firme.

Para fazer os *cupcakes*

Coloque as tâmaras picadas em uma tigela e derrame a água fervendo. Deixe de molho por 20 minutos.

PARAÍSO DOS *CUPCAKES*

COM UM BICO DE CONFEITAR REDONDO SIMPLES, FAÇA UMA ESPIRAL PERFEITA COM A COBERTURA SOBRE CADA *CUPCAKE* ANTES DE COLOCAR AS DECORAÇÕES FINAIS.

Quando estiverem reidratadas, escorra as tâmaras e quebre-as em pedaços menores, com cuidado. Acrescente a essência de baunilha.

Coloque a manteiga e o açúcar em uma tigela e bata até que fique claro e aerado.

Peneire a farinha e o bicarbonato de sódio em outra tigela e reserve.

Bata os ovos levemente em outra tigela e acrescente aos poucos à mistura de manteiga sem parar de bater. Se começar a se separar ou coalhar, pare de acrescentar os ovos, junte 2-3 colheres de sopa de farinha e bata mais um pouco. Isso dará liga à massa.

Depois que todos os ovos forem colocados na mistura de manteiga, incorpore a farinha com uma espátula de silicone, e em seguida as tâmaras e as nozes picadas. Misture até que os ingredientes estejam bem unidos. Isso ajuda a massa a ficar leve e macia.

Com um saco para confeitar descartável ou uma colher de sopa, distribua a massa nas formas para *cupcakes* preenchendo até dois terços do volume.

Asse por 15-20 minutos, dependendo do seu forno. Os *cupcakes* estarão cozidos quando suas superfícies estiverem douradas e, ao serem apertadas com o dedo, retornarem ao seu formato original. Se ainda houver dúvida, insira uma faca limpa ou palito no centro de cada bolo; deve sair limpo.

Para fazer a calda de açúcar
Enquanto os *cupcakes* estiverem assando, prepare a calda de açúcar para molhá-los depois. Em uma panela, coloque a água e o açúcar refinado e leve à fervura. Cozinhe lentamente até que todo o açúcar seja dissolvido. Retire do fogo e deixe esfriar um pouco. Descarte a fava de baunilha.

Assim que os *cupcakes* estiverem assados, deixe-os descansar fora do forno por aproximadamente 10 minutos. Com um pincel para massas, molhe a superfície dos *cupcakes* com a calda de açúcar enquanto ainda estiverem quentes; isso faz com que a calda seja absorvida mais rápido.

Quando já estiverem mornos, retire-os da assadeira e deixe esfriar sobre uma grade.

Depois que esfriarem, embrulhe os *cupcakes* em filme plástico e refrigere-os por 1 hora, ou até que a massa esteja mais firme ao ser tocada. Com um boleador de melão, abra um buraco na superfície de cada *cupcake*.

Para colocar o recheio
Coloque o doce de leite em um saco para confeitar descartável e o utilize para preencher os buracos nos *cupcakes*.

Para decorar
Prepare um saco para confeitar descartável com um bico redondo grande seguindo as instruções na página 178. Preencha com a cobertura gelada. Confeite na superfície de cada *cupcake*, formando uma espiral.

Para finalizar, coloque uma folha de marzipã sobre a cobertura de cada *cupcake*.

CUPCAKES FLORESTA NEGRA

INSPIRADA EM MINHAS RAÍZES ALEMÃS, MODIFIQUEI A CLÁSSICA RECEITA DO BOLO FLORESTA NEGRA E A TRANSFORMEI NUMA DELICIOSA VERSÃO PARA *CUPCAKES*. O SEGREDO É USAR CEREJAS DE VERDADE, EM CALDA DE LICOR *KIRSCH*. ELAS TÊM UM SABOR DIVINO – CARNUDAS, SUCULENTAS E COM UM TOQUE ALCOÓLICO.

Rende aproximadamente 24 *cupcakes*.

ingredientes

Para a decoração
Aproximadamente 150 g de pasta
americana branca
Corante comestível em pasta nas cores
rosa e marrom
Uma pequena quantidade de glacê real
(ver nas páginas 182-183)
Uma pequena quantidade de gordura
vegetal branca

Para a cobertura
200 g de *cream cheese* (não *light*)
200 g de manteiga sem sal
500 g de açúcar de confeiteiro, peneirado
Uma pequena quantidade da calda
das cerejas (ver abaixo)

Para a mistura do bolo
125 g de chocolate simples (pelo menos 53%
de cacau), picado ou em gotas
165 ml de leite
285 g de açúcar mascavo claro
105 g de manteiga sem sal, amolecida
2 ovos grandes
180 g de farinha de trigo
Uma pitada de sal
½ colher de chá de fermento químico
½ colher de chá de bicarbonato de sódio
8 g de chocolate em pó
350 g de cerejas em calda de *Kirsch*

Para a calda de açúcar
150 ml de água
250 g de açúcar refinado
Uma pequena quantidade da calda
das cerejas (ver acima)
50 ml de licor *Kirsch*

material

Kit básico de confeitaria (ver na página 172)
Tábua antiaderente pequena
Um cortador pequeno para flor
de 5 pétalas e um grande
Forma para fazer os vincos das flores
Paleta para pintura ou placa de espuma
perfurada, para secar as flores
Saco para confeitar de papel
(ver na página 184)
Duas assadeiras com 12 buracos para *muffins*
24 formas de papel marrom grandes
para *cupcakes*
Sacos para confeitar descartáveis
Bico para confeitar grande tipo pitanga

Para fazer a decoração

Faças as flores de pasta americana com pelo menos um dia de antecedência, seguindo as instruções na página 174. Faça duas ou três flores para cada *cupcake*.

Misture a pasta americana com um pouco de corante comestível rosa em pasta para criar uma coloração fúcsia. Misture o glacê real com o corante comestível marrom em pasta seguindo as instruções nas páginas 182-183. Com um cortador em forma de flor e uma forma para fazer os vincos, faça aproximadamente 72 flores de açúcar e depois confeite com o glacê marrom no centro de cada uma. Deixe secar.

Preaqueça o forno a 175 °C. Prepare as assadeiras colocando as formas de papel para *cupcakes* nos buracos.

Para fazer a cobertura

Coloque o *cream cheese* em uma tigela e bata até que fique uniforme e cremoso.

PARAÍSO DOS *CUPCAKES*

COM UM BICO PARA CONFEITAR TIPO PITANGA, CONFEITE ESPIRAIS DE COBERTURA SOBRE CADA CUPCAKE, TERMINANDO COM UM BICO PERFEITO

Coloque a manteiga e o açúcar de confeiteiro em uma tigela separada e bata até que fique bem claro e aerado.

Junte o *cream cheese* aos poucos à mistura de manteiga e bata em velocidade médio-rápida até que esteja bem misturado.

Coloque a calda da cereja de acordo com seu gosto, tomando cuidado para que a cobertura não fique muito líquida. Refrigere até ficar firme.

Para fazer os *cupcakes*
Coloque o chocolate, o leite e metade do açúcar em uma panela. Leve a fervura com cuidado e sem parar de mexer.

Coloque a manteiga e o restante do açúcar em uma tigela e bata até que fique claro e aerado.

Bata os ovos levemente em outra tigela e misture devagar à mistura de manteiga.

Peneire a farinha, o fermento, o bicarbonato de sódio e o chocolate em pó dentro da mistura e mexa até que os ingredientes estejam bem combinados.

Derrame o chocolate sobre a massa lentamente e misture. Raspe a tigela com uma espátula de silicone para garantir que a massa está bem misturada. Transfira a massa para um jarro graduado.

Distribua a massa pelas formas para *cupcakes* enquanto ainda estiver morna, enchendo as formas até apenas dois terços do volume. Coloque 2 ou 3 cerejas dentro de cada *cupcake*.

Asse imediatamente por 10-15 minutos, dependendo do seu forno. Os *cupcakes* estarão cozidos quando suas superfícies, ao serem apertadas com o dedo, retornarem ao seu formato original. Se ainda houver dúvida, insira uma faca limpa ou palito no centro de cada bolo; deve sair com algumas migalhas grudadas.

Para fazer a calda de açúcar
Enquanto os *cupcakes* estiverem assando, prepare a calda de açúcar para molhá-los depois. Em uma panela, coloque a água e o açúcar refinado e leve à fervura. Cozinhe lentamente até que todo o açúcar seja dissolvido. Retire do fogo e deixe esfriar um pouco. Acrescente um pouco da calda das cerejas.

Assim que os *cupcakes* estiverem assados, retire-os do forno. Com um pincel para massas, molhe a superfície dos *cupcakes* com a calda de açúcar enquanto ainda estiverem quentes; isso faz com que a calda seja absorvida mais rápido e evita que o *cupcake* forme uma casca mais dura.

Retire os *cupcakes* da assadeira e deixe-os esfriar sobre uma grade.

Depois que esfriarem, embrulhe os *cupcakes* em filme plástico e refrigere-os por 1 hora ou até que a massa esteja mais firme ao ser tocada. Com um boleador de melão, abra um buraco na superfície de cada *cupcake*.

Para decorar
Prepare um saco para confeitar com um bico grande tipo pitanga seguindo as instruções na página 178. Preencha com a cobertura gelada. Confeite em espiral por cima de cada *cupcake*.

PARAÍSO DOS *CUPCAKES*

CUPCAKES DE MORANGO COM *CHAMPAGNE*

ESSA RECEITA DE *CUPCAKE* SOFISTICADA E DELICIOSA CAI MUITO BEM PARA UMA REUNIÃO NO JARDIM EM UM DIA DE VERÃO. APRECIE COM UMA TAÇA DE ESPUMANTE *ROSÉ*.

Rende aproximadamente 24 *cupcakes*.

ingredientes

Para a cobertura
200 g de *cream cheese* (não *light*)
200 g de manteiga sem sal, amolecida
500 g de açúcar de confeiteiro, peneirado
Aguardente de *champagne* ou conhaque a gosto
Corante comestível cor-de-rosa em pasta

Para a mistura do bolo
200 g de manteiga sem sal, amolecida
200 g de açúcar refinado
Uma pitada de sal
Sementes de 1 fava de baunilha
4 ovos médios
200 g de farinha de trigo com fermento

Para a calda
150 g de água
150 g de açúcar refinado
Aguardente de *champagne* ou conhaque a gosto

Para o recheio
Aproximadamente 350 g de geleia de morango com *champagne* ou qualquer geleia de morango de boa qualidade

Para a decoração
12 morangos pequenos

material

Kit básico de confeitaria (ver na página 172)
Duas assadeiras com 12 buracos para *muffins*
24 formas de papel prateadas grandes para *cupcakes*
Sacos para confeitar descartáveis
Bico para confeitar grande do tipo pitanga

Preaqueça o forno a 175 °C. Prepare as assadeiras para *muffins* colocando as formas de papel para *cupcakes* nos buracos.

Para fazer a cobertura
Coloque o *cream cheese* em uma tigela e bata até que fique uniforme e cremoso.

Coloque a manteiga e o açúcar de confeiteiro em outra tigela e bata até que fique bem claro e aerado.

Acrescente o *cream cheese* aos poucos à mistura de manteiga e bata em velocidade média-alta até que os ingredientes estejam bem misturados.

Acrescente a aguardente ou o conhaque a gosto, tomando cuidado para que não fique muito líquido. Coloque um pouco de corante comestível cor-de-rosa para que fique com uma cor rosa pastel. Resfrie até que fique firme.

Para fazer os *cupcakes*
Coloque a manteiga, o açúcar, o sal e as

sementes de baunilha em uma tigela e bata até que fique claro e aerado.

Bata os ovos levemente em outra tigela e acrescente aos poucos à mistura de manteiga, sem parar de bater. Se começar a se separar ou coalhar, pare de acrescentar os ovos, junte 2-3 colheres de sopa de farinha e bata mais um pouco. Isso dará liga à massa.

Depois que todo o ovo estiver incorporado na mistura, peneire a farinha e mexa até que os ingredientes estejam bem unidos. Isso fará com que o bolo fique leve e macio.

Com um saco para confeitar descartável ou uma colher de sopa, distribua a massa pelas formas de papel para *cupcakes*, preenchendo--as até dois terços do volume.

Asse por 12-15 minutos, dependendo do seu forno. Os *cupcakes* estarão cozidos quando suas superfícies estiverem douradas e, ao serem apertadas com o dedo, retornarem ao seu formato original. Se ainda houver dúvida, insira uma faca limpa ou palito no centro de cada bolo; deve sair limpo.

Para fazer a calda de açúcar
Enquanto os *cupcakes* estiverem assando, prepare a calda de açúcar para molhá-los depois. Em uma panela, coloque a água e o açúcar refinado e leve à fervura. Cozinhe lentamente até que todo o açúcar seja dissolvido. Retire do fogo e deixe esfriar um pouco. Misture a aguardente de *champagne* ou o conhaque a gosto.

Assim que os *cupcakes* estiverem assados, deixe-os descansar fora do forno por aproximadamente 10 minutos. Com um pincel para massas, molhe a superfície de cada um com a calda de açúcar enquanto ainda estiverem quentes; isso faz com que a calda seja absorvida mais rápido.

Quando já estiverem mornos, retire os *cupcakes* da assadeira e deixe-os esfriar sobre uma grade.

Depois que esfriarem, embrulhe-os em filme plástico e refrigere por 1 hora, ou até que a massa esteja mais firme ao ser tocada. Com um boleador de melão, abra um buraco na superfície de cada *cupcake*.

Para colocar o recheio
Com uma colher de sopa, preencha os buracos com a geleia.

Para decorar
Lave os morangos e corte-os na metade.

Prepare um saco para confeitar com um bico tipo pitanga, seguindo as instruções na página 178. Preencha com a cobertura gelada. Confeite uma espiral de cobertura por cima de cada *cupcake*.

Para finalizar, coloque uma metade de morango por cima da cobertura de cada *cupcake*.

CUPCAKES DE LIMÃO-SICILIANO E FRAMBOESA

ESSE *CUPCAKE* É SIMPLES, LEVE E SEU SABOR REFRESCANTE CAI MUITO BEM EM UM DIA DE VERÃO. A COMBINAÇÃO DO LIMÃO-SICILIANO COM A FRAMBOESA CRIA UMA HARMONIA PERFEITA E QUEBRA O SABOR DOCE DA COBERTURA DE *CREAM CHEESE*.

Rende aproximadamente 24 *cupcakes*.

ingredientes

Para a cobertura
200 g de *cream cheese* (não *light*)
200 g de manteiga sem sal, amolecida
500 g de açúcar de confeiteiro, peneirado
Raspas finas da casca de
2 limões-sicilianos sem cera

Para a massa
200 g de manteiga sem sal, amolecida
200 g de açúcar refinado
Uma pitada de sal
Raspas finas da casca de 2 limões-sicilianos
4 ovos médios
200 g de farinha de trigo com fermento
Um pacote pequeno de framboesas, e mais um pouco para decorar

Para a calda de açúcar
150 ml de suco de limão-siciliano recém-espremido
150 g de açúcar refinado

material

Kit básico de confeitaria (ver na página 172)
Duas assadeiras com 12 buracos para *muffins*
24 formas de papel marrons grandes para *cupcakes*
Sacos para confeitar descartáveis
Bico para confeitar redondo
(tipo *Perlé*) grande

Preaqueça o forno a 175 °C. Prepare as assadeiras colocando uma forma de papel para *cupcakes* em cada buraco.

Para fazer a cobertura
Coloque o *cream cheese* em uma tigela e bata até que fique uniforme e cremoso. Coloque a manteiga, o açúcar de confeiteiro e as raspas de limão-siciliano em outra tigela e bata até que fique bem claro e aerado. Acrescente o *cream cheese* aos poucos à mistura de manteiga e bata em velocidade média-rápida até que os ingredientes estejam bem misturados. Resfrie até que fique firme.

Para fazer os *cupcakes*
Coloque a manteiga, o açúcar, o sal e as raspas de limão em uma tigela e bata até que fique claro e aerado. Bata os ovos levemente em outra tigela e acrescente aos poucos à mistura de manteiga sem parar de bater. Se começar a se separar ou coalhar, pare de acrescentar os ovos, junte 2-3 colheres de sopa de farinha e bata mais um pouco. Isso dará liga à massa. Depois que todo o ovo for incorporado à mistura de manteiga, peneire a farinha e misture até que a massa esteja uniforme. Isso fará com que os bolos fiquem leves e macios.

Com um saco para confeitar ou uma colher de sopa, distribua a massa pelas formas de papel para *cupcakes*, preenchendo até apenas dois terços do volume. Coloque 2 ou 3 framboesas dentro de cada *cupcake*.

Asse por 12-15 minutos, dependendo do seu forno. Os *cupcakes* estarão cozidos quando suas superfícies estiverem douradas e, ao serem apertadas com o dedo, retornarem ao seu formato original. Se ainda houver dúvida, insira uma faca limpa ou palito no centro de cada bolo; deve sair limpo.

Para fazer a calda de açúcar
Enquanto os *cupcakes* estiverem assando, prepare a calda de açúcar para molhá-los depois. Em uma panela, coloque o suco de limão e o açúcar refinado e leve à fervura. Cozinhe lentamente até que todo o açúcar seja dissolvido. Retire do fogo e deixe esfriar um pouco.

Assim que os *cupcakes* estiverem assados, deixe-os descansar fora do forno por aproximadamente 10 minutos. Com um pincel para massas, molhe a superfície de cada um com a calda de açúcar enquanto ainda estiverem quentes; isso faz com que a calda seja absorvida mais rápido. Quando já estiverem mornos, retire os *cupcakes* da assadeira e deixe-os esfriar sobre uma grade.

Para decorar
Prepare um saco para confeitar descartável com um bico redondo grande de acordo com as instruções na página 178. Preencha com a cobertura gelada. Confeite uma espiral de cobertura sobre cada *cupcake*. Para finalizar, coloque uma framboesa sobre a cobertura de cada *cupcake*.

CUPCAKES CHIFFON DE BAUNILHA

ESSA RECEITA É MUITO LEVE E AERADA E UTILIZA BAUNILHA DE VERDADE E COBERTURA DE *CREAM CHEESE*. A BELEZA SE ENCONTRA NA SIMPLICIDADE E NA PUREZA DOS SABORES. ÀS VEZES, MENOS É MAIS...

Rende aproximadamente 24 *cupcakes*.

ingredientes

Para a decoração
50 g de pasta americana branca
Uma pequena quantidade de gordura vegetal branca
Uma pequena quantidade de glacê real (ver nas páginas 182-183)
Corante comestível amarelo em pasta

Para a cobertura
200 g de *cream cheese* (não *light*)
200 g de manteiga sem sal, amolecida
500 g de açúcar de confeiteiro, peneirado
Sementes de ½ fava de baunilha
Corante comestível em pasta nas cores amarelo, laranja e azul petróleo

Para a massa
200 g de manteiga sem sal, amolecida
200 g de açúcar refinado
Uma pitada de sal
Sementes de ½ fava de baunilha
4 ovos médios
200 g de farinha de trigo com fermento

Para a calda de açúcar
150 ml de água
150 g de açúcar refinado
Fava de baunilha sem sementes

material

Kit básico de confeitaria (ver na página 172)
Tábua antiaderente pequena
Um cortador pequeno para flor de 5 pétalas
Forma para fazer os vincos das flores
Paleta para pintura ou placa de espuma perfurada, para secar as flores
Saco para confeitar de papel (ver na página 184)
Duas assadeiras com 12 buracos para *muffins*
24 formas de papel marrom grandes para *cupcakes*

Para fazer a decoração
Faça as flores com um dia de antecedência, seguindo as instruções na página 174. Faça uma flor para cada *cupcake*.

Misture a pasta americana com um pouco de gordura vegetal. Misture o glacê real com o corante comestível amarelo em pasta, seguindo as instruções nas páginas 182-183. Com o cortador em forma de flor e a forma para fazer os vincos, faça 24 flores e depois confeite o centro de cada uma com o glacê amarelo. Deixe secar.

Para fazer a cobertura
Coloque o *cream cheese* em uma tigela e bata até que fique uniforme e cremoso.

Coloque a manteiga, o açúcar de confeiteiro e as sementes de baunilha em outra tigela e bata até que fique bem claro e aerado.

Junte o *cream cheese* aos poucos à mistura de manteiga e bata em velocidade média-rápida até que esteja bem misturado. Resfrie até que fique firme.

COM UMA PEQUENA ESPÁTULA DE CONFEITAR, CUBRA CADA CUPCAKE COM A COBERTURA E ENTÃO ALISE A SUPERFÍCIE.

Para fazer os *cupcakes*
Coloque a manteiga, o açúcar, o sal e as sementes de baunilha em uma tigela e bata até que fique claro e aerado.

Bata os ovos levemente em outra tigela e acrescente aos poucos à mistura de manteiga, sem parar de bater. Se começar a se separar ou coalhar, pare de acrescentar os ovos, junte 2-3 colheres de sopa de farinha e bata mais um pouco. Isso dará liga à massa.

Depois que todo o ovo estiver incorporado na mistura de manteiga, peneire a farinha e misture até que fique uniforme. Isso ajuda para que os bolos fiquem leves e macios.

Com um saco para confeitar descartável ou uma colher de sopa, distribua a massa nas formas de *cupcake*, preenchendo até apenas dois terços do volume.

Asse por 12-15 minutos, dependendo do seu forno. Os *cupcakes* estarão cozidos quando suas superfícies estiverem douradas e, ao serem apertadas com o dedo, retornarem ao seu formato original. Se ainda houver dúvida, insira uma faca limpa ou palito no centro de cada bolo; deve sair limpo.

Para fazer a calda de açúcar
Enquanto os *cupcakes* estiverem assando, prepare a calda de açúcar para molhá-los depois. Em uma panela, coloque a água, o açúcar e a fava de baunilha e leve à fervura. Cozinhe lentamente até que todo o açúcar seja dissolvido. Retire do fogo e deixe esfriar um pouco. Descarte a fava de baunilha.

Assim que os *cupcakes* estiverem assados, deixe-os descansar fora do forno por aproximadamente 10 minutos. Com um pincel para massas, molhe a superfície de cada um com a calda de açúcar enquanto ainda estiverem quentes; isso faz com que a calda seja absorvida mais rápido.

Quando já estiverem mornos, retire os *cupcakes* da assadeira e deixe-os esfriar sobre uma grade.

Para decorar
Divida a cobertura em três partes iguais. Misture a primeira com um pouco de corante comestível amarelo em pasta, a segunda com corante laranja e a terceira com corante azul-petróleo.

Cubra os *cupcakes* com uma espátula para confeitar, seguindo as instruções na página 179.

Para finalizar, coloque uma flor de pasta americana sobre a cobertura de cada *cupcake*.

CUPCAKES DIVINOS DE CHOCOLATE

ESSES CUPCAKES REALMENTE SÃO DIVINOS: CREMOSOS, MACIOS E CHEIOS DE SABOR, MAS SEM SEREM PESADOS. ACIMA DE TUDO, TÊM MUITO SABOR DE CHOCOLATE. ESTA RECEITA É TÃO DELICIOSA QUE ATÉ GANHAMOS UM PRÊMIO POR ELA!

Rende aproximadamente 24 *cupcakes*.

ingredientes

Para a cobertura
140 ml de creme de leite
160 g de chocolate simples (com pelo menos
53% de cacau), picado ou em gotas
1 colher de chá de glucose
200 g de *cream cheese* (não *light*)
200 g de manteiga sem sal, amolecida
450 g de açúcar de confeiteiro, peneirado

Para a mistura do bolo
125 g de chocolate simples (com pelo menos
53% de cacau), picado ou em gotas
165 ml de leite
285 g de açúcar mascavo claro
105 g de manteiga sem sal, amolecida
2 ovos grandes
180 g de farinha de trigo
Uma pitada de sal
½ colher de chá de fermento químico
½ colher de chá de bicarbonato de sódio
8 g de chocolate em pó

Para a decoração
Folhas de papel de arroz
Spray de brilho comestível nas cores azul,
verde e cor-de-rosa perolizadas

material

Kit básico de confeitaria (ver na página 172)
Duas assadeiras com 12 buracos para *muffins*
24 formas grandes de papel marrom
para *cupcakes*
Saco para confeitar descartável
Bico para confeitar tipo pitanga
24 embalagens para *cupcakes* perolizadas
com bordas onduladas
Furador de papel em forma de flor
(disponível em lojas de artesanato)

Para fazer a decoração
Faça as flores de papel de arroz seguindo as instruções na página 175. Faça uma flor para cada *cupcake*.

Preaqueça o forno a 160 °C. Prepare as assadeiras colocando as formas de papel para *cupcakes* nos buracos.

Para fazer a cobertura
Coloque o creme em uma panela e esquente até um pouco antes do ponto de fervura.

Coloque o chocolate e a glucose em uma tigela e derrame o creme quente por cima. Bata tudo até que fique uniforme, brilhante e todo o chocolate tenha derretido. Depois de misturado, deixe descansar em temperatura ambiente; a *ganache* deve ficar com consistência de manteiga amolecida.

Coloque o *cream cheese* em uma tigela e bata até que fique uniforme e cremoso.

Coloque a manteiga e o açúcar de confeiteiro

em outra tigela e bata até que fique bem claro e aerado.

Acrescente a *ganache* aos poucos à mistura de creme de manteiga e bata em velocidade média-alta até que os ingredientes estejam bem misturados.

Junte, com cuidado, um terço do creme de chocolate ao *cream cheese*.

Bata vagarosamente o restante do creme de chocolate, juntando o *cream cheese* com chocolate em duas partes. Tome cuidado para não bater demais, pois a cobertura pode separar. Refrigere até que fique firme.

Para fazer os *cupcakes*
Coloque o chocolate, o leite e metade do açúcar em uma panela. Leve à fervura com cuidado, sem parar de mexer.

Coloque a manteiga e o restante do açúcar em uma tigela e bata até que fique bem claro e aerado.

Bata os ovos levemente e, com cuidado, incorpore-os na mistura de manteiga.

Peneire a farinha, o fermento, o bicarbonato de sódio, o sal e o chocolate em pó e misture à massa em duas partes. Misture com delicadeza até que esteja uniforme.

Lentamente, derrame o chocolate ainda quente sobre a massa e misture. Raspe a tigela com uma espátula de silicone para ter certeza de

que está bem misturado. Transfira a massa para um jarro graduado.

Distribua a massa ainda quente pelas formas de papel para *cupcakes* preenchendo apenas dois terços do volume de cada uma.

Asse imediatamente por 12-15 minutos, dependendo do seu forno. Os *cupcakes* estarão cozidos quando suas superfícies, ao serem apertadas com o dedo, retornarem ao seu formato original e suas bordas tiverem encolhido um pouco. Depois de cozida, essa massa é um pouco densa e grudenta. Se você inserir uma faca limpa ou palito no centro de cada bolo, deve haver algumas migalhas grudadas ao retirar.

Depois que estiverem assados, deixe os *cupcakes* descansarem fora do forno por alguns minutos. Quando estiverem apenas mornos, remova-os das assadeiras e disponha-os sobre uma grade para que esfriem por completo.

Para decorar
Prepare um saco para confeitar descartável com um bico tipo pitanga, seguindo as instruções na página 178. Preencha com a cobertura gelada e confeite uma espiral por cima de cada *cupcake*.

Para finalizar, coloque cada *cupcake* dentro de uma embalagem individual e aperte uma das flores de papel de arroz contra a superfície da cobertura de todos eles, para que grude.

COSMO CUPCAKES

CUPCAKES E COQUETÉIS ANDAM LADO A LADO, E O FAMOSO COQUETEL *COSMOPOLITAN* SERVIU COMO INSPIRAÇÃO PERFEITA PARA ESSA RECEITA. PARA DAR UM TOQUE DIVERTIDO EM FESTAS, SIRVA-OS DENTRO DE TAÇAS PARA COQUETEL OU COLOQUE CANUDINHOS CURTOS DENTRO DA COBERTURA.

Rende aproximadamente 24 *cupcakes*.

ingredientes

Para a massa
125 g de *cranberries* secos
Licor Cointreau™, para deixar os *cranberries* de molho
200 g de manteiga sem sal, amolecida
200 g de açúcar refinado
Uma pitada de sal
Raspas finas da casca de 2 laranjas
4 ovos médios
200 g de farinha de trigo com fermento

Para a cobertura
200 g de *cream cheese* (não *light*)
200 g de manteiga sem sal, amolecida
Uma pitada de sal
500 g de açúcar de confeiteiro, peneirado
Raspas finas da casca de 2 laranjas
Licor Cointreau™ a gosto

Para a calda de açúcar
150 ml de suco de laranja recém espremido
150 g de açúcar refinado
50 ml de licor Cointreau™

Para a decoração
Pérolas comestíveis de açúcar de cor metálica

material

Kit básico de confeitaria (ver na página 172)
Saco para confeitar descartável
Duas assadeiras com 12 buracos para *muffins*
24 formas grandes de papel marrom para *cupcakes*
Bico grande para confeitar tipo pitanga

Deixe os *cranberries* de molho no licor Cointreau™, cubra com filme plástico e reserve de um dia para o outro.

Preaqueça o forno a 175 °C. Prepare as assadeiras colocando as formas de papel para *cupcakes* nos buracos.

Para fazer a cobertura
Faça a cobertura seguindo as instruções na página 73, mas utilizando as raspas de laranja. Depois acrescente Cointreau™ a gosto. Refrigere até que fique firme.

Para fazer os *cupcakes*
Coloque a manteiga, o açúcar, o sal e as raspas de laranja em uma tigela e bata até que fique claro e aerado. Bata os ovos levemente em outra tigela e acrescente aos poucos à mistura de manteiga sem parar de bater. Se começar a se separar ou coalhar, pare de acrescentar os ovos, junte 2-3 colheres de sopa de farinha e bata mais um pouco. Isso dará liga à massa.
Depois que todo o ovo estiver incorporado na mistura, peneire a farinha e mexa até que a massa fique uniforme. Isso vai ajudar a massa a ficar leve e macia.

Com um saco para confeitar ou uma colher de sopa, distribua a massa pelas formas de papel para *cupcakes*, preenchendo apenas dois terços do volume de cada uma. Escorra os *cranberries*, mas guarde o líquido para depois acrescentar à calda de açúcar. Divida os *cranberries* igualmente por entre os *cupcakes*.

Asse por 12-15 minutos, dependendo do seu forno. Os *cupcakes* estarão cozidos quando suas superfícies estiverem douradas e, ao serem apertadas com o dedo, retornarem ao seu formato original. Se ainda houver dúvida, insira uma faca limpa ou palito no centro de cada bolo; deve sair limpo.

Para fazer a calda de açúcar
Enquanto os *cupcakes* estiverem assando, prepare a calda de açúcar para molhá-los depois. Em uma panela, coloque o suco de laranja e o açúcar e leve à fervura. Cozinhe lentamente até que todo o açúcar seja dissolvido. Retire do fogo e deixe esfriar um pouco. Acrescente o líquido de Cointreau™ reservado a gosto.

Assim que os *cupcakes* estiverem assados, deixe-os descansar fora do forno por aproximadamente 10 minutos. Com um pincel para massas, molhe a superfície dos *cupcakes* com a calda de açúcar enquanto ainda estiverem quentes; isso faz com que a calda seja absorvida mais rápido. Quando já estiverem mornos, retire os *cupcakes* da assadeira e deixe-os esfriar sobre uma grade.

Para decorar
Prepare um saco para confeitar com um bico grande tipo pitanga, seguindo as instruções na página 178. Preencha com a cobertura gelada. Confeite uma espiral por cima de cada *cupcake*. Para finalizar, polvilhe pérolas comestíveis de açúcar rosadas por cima da cobertura de cada *cupcake*.

DELICIOSOS BOLOS EM CAMADAS

BOLO DE VERÃO COM FRUTAS VERMELHAS

ESSA É UMA RECEITA ABSOLUTAMENTE DELICIOSA PARA OS VERDADEIROS FANÁTICOS POR DOCES. É UMA COMBINAÇÃO DE CREME DE MANTEIGA DIVINO E LEVE, MASSA AERADA DE BAUNILHA E FRUTAS VERMELHAS

Rende um bolo de 15 cm de diâmetro que serve 8-12 fatias.

ingredientes

Para a massa
200 g de manteiga sem sal, amolecida
200 g de açúcar refinado
Uma pitada de sal
Sementes de 1 fava de baunilha
4 ovos médios
200 g de farinha de trigo com fermento

Para a calda de açúcar
150 ml de água
150 g de açúcar refinado
Fava de baunilha sem sementes

Para o recheio de creme de manteiga
250 g de manteiga sem sal, amolecida
250 g de açúcar de confeiteiro, peneirado
Uma pitada de sal
3 colheres de sopa de qualquer geleia de frutas vermelhas de boa qualidade

Para a decoração
1 colher de sopa de chocolate em pó

material

Kit básico de confeitaria
(ver na página 172)
Três formas redondas para bolo com 15 cm de diâmetro
Cortador de bolo ou uma faca de serra grande
Suporte giratório com superfície antideslizante
Um disco chato para colocar sobre o suporte giratório (eu uso a base removível de uma forma redonda desmontável com 30 cm de diâmetro)
Raspador lateral de metal
Estêncil com padrão tipo damascol

Asse os bolos um dia antes de servir. Faça a calda de açúcar enquanto estiver assando os bolos. Prepare o recheio de creme de manteiga, monte e decore o bolo no dia em que for servir. Polvilhe o bolo com o chocolate em pó logo antes de servir, já que, em poucas horas, o chocolate em pó pode absorver a umidade do creme e ficar com uma aparência molhada.

Preaqueça o forno a 175 °C.

Unte as formas de bolo com óleo nos lados e forre com papel-manteiga. Coloque uma forma sobre o papel-manteiga e desenhe um círculo a lápis sobre o papel, utilizando a forma como guia. Dessa forma, corte os discos de papel-manteiga para forrar as formas.

Para fazer a massa
Coloque a manteiga, o açúcar, o sal e as sementes de baunilha em uma tigela e bata até que fique claro e aerado.

Bata os ovos levemente em outra tigela e acrescente à mistura de manteiga aos poucos, sem parar de bater. Se começar a se separar ou empelotar, pare de acrescentar os ovos, junte 2-3 colheres de sopa de farinha e bata mais um pouco. Isso dará liga à massa. Depois que todo o ovo estiver incorporado na mistura, peneire a farinha e junte com cuidado, até que a massa esteja bem misturada. Isso ajudará a massa a ficar leve e macia.

Distribua a massa igualmente pelas formas. Se for difícil de medir visualmente, utilize uma balança de cozinha para pesar a quantidade de massa adequada para cada forma.

Asse por 15-20 minutos, dependendo do seu forno. Se estiver utilizando formas mais fundas, a massa demorará mais para cozinhar. A massa estará pronta quando as bordas estiverem começando a encolher e a superfície estiver dourada. Se você pressionar a superfície

PARA DECORAR, COLOQUE O ESTÊNCIL POR CIMA DO BOLO ALINHADO COM O CENTRO E POLVILHE COM CHOCOLATE EM PÓ. EM SEGUIDA LEVANTE O ESTÊNCIL E RETIRE-O DE CIMA DO BOLO.

levemente com o dedo, o bolo deve retornar à forma inicial. Se ainda houver dúvidas, insira uma faca limpa ou palito no centro de cada bolo; deverá sair limpo.

Para fazer a calda de açúcar
Enquanto os bolos estiverem assando, prepare a calda de açúcar para molhá-los depois. Em uma panela, coloque a água, o açúcar e a fava de baunilha e leve à fervura. Cozinhe lentamente até que todo o açúcar seja dissolvido. Retire do fogo e deixe esfriar um pouco.

Quando os bolos estiverem assados, deixe-os descansar fora do forno por aproximadamente 10 minutos. Com um pincel para massas, molhe a superfície dos bolos com a calda de açúcar enquanto ainda estiverem quentes; isso faz com que a calda seja absorvida mais rápido.

Quando estiverem mornos, passe uma faca em volta dos bolos e remova-os das formas. Deixe esfriarem por completo sobre uma grade.

Quando já tiverem esfriado, embale-os em filme e deixe que descansem de um dia para o outro em temperatura ambiente. Isso fará com que toda a umidade fique presa e as massas fiquem na textura ideal para serem aparadas e empilhadas. Se for aparada pouco depois de assar, a massa tende a ficar quebradiça e pode até mesmo desmanchar.

Para fazer o recheio de creme de manteiga
Coloque a manteiga, o açúcar de confeiteiro e o sal em uma tigela e bata até que fique bem claro e aerado.

Acrescente a geleia à mistura e mexa até que os ingredientes estejam bem misturados. Se a geleia estiver muito firme ou pedaçuda, aqueça-a em um micro-ondas ou passe por uma peneira grossa para quebrar os pedaços maiores. Você pode também bater a geleia um pouco num liquidificador.

Para montar o bolo
Apare e empilhe as três camadas de bolo utilizando um terço da mistura de creme de manteiga entre as camadas. Cubra e esconda a parte superior e as laterais dos bolos com o restante do recheio. Para instruções mais detalhadas sobre como fazer isso, veja as páginas 180-181.

Para decorar
Coloque o estêncil sobre o bolo coberto. Polvilhe livremente com chocolate em pó. Levante o estêncil com cuidado para que fique apenas o padrão damasco.

Sirva o bolo em temperatura ambiente. Esse bolo é melhor se consumido dentro de 3 dias depois de assado, mas pode durar até 1 semana.

dica

Ao fazer os bolos, utilize três formas redondas mais rasas ao invés de uma forma mais funda, pois a massa crescerá melhor e ficará assada por igual.

BOLO TRUFADO EMBRIAGADO DE LARANJA

ESSA MASSA DE LARANJA EMBEBIDA COM COINTREAU E INTERCALADA COM GANACHE DE CHOCOLATE MEIO AMARGO É DELICIOSAMENTE AROMÁTICA. É A RECEITA DE CHOCOLATE COM LARANJA DEFINITIVA DO SALÃO, E UMA DAS FAVORITAS DOS CLIENTES. UM BOLO MUITO "MADURO", MACIO E APETITOSO!

Rende um bolo redondo com 15 cm de diâmetro que serve 8-12 fatias.

ingredientes

Para a massa
200 g de manteiga sem sal, amolecida
200 g de açúcar refinado
Uma pitada de sal
Raspas finas da casca de 3 laranjas
4 ovos médios
200 g de farinha de trigo com fermento

Para a calda de açúcar
Suco de 3 laranjas recém-espremidas
150 g de açúcar refinado
2 colheres de sopa de licor
de laranja Cointreau™

Para o *ganache*
250 ml de creme de leite
300 g de chocolate simples (pelo menos 53% de cacau), picado ou em gotas
1 colher de chá de glucose

Para o recheio
2 colheres de sopa de geleia de laranja de boa qualidade

material

Kit básico de confeitaria (ver na página 172)
Três formas redondas para bolo com 15 cm de diâmetro
Uma faca de serra grande ou um cortador de bolo
Suporte giratório com superfície antideslizante
Um disco chato para colocar sobre o suporte giratório (eu uso a base removível de uma forma redonda desmontável com 30 cm de diâmetro)
Raspador lateral de metal
Saco para confeitar de papel

Asse os bolos um dia antes de servir. Faça a calda de açúcar enquanto estiver assando os bolos. Prepare o recheio, monte e decore o bolo no dia em que for servir.

Preaqueça o forno a 175 °C.

Unte as formas com óleo nas laterais e forre com papel-manteiga. Para instruções mais detalhadas, veja na página 87.

Para fazer a massa
Coloque a manteiga, o açúcar, o sal e as raspas de laranja em uma tigela e bata até que fique claro e aerado.

Bata os ovos levemente em outra tigela e acrescente à mistura de manteiga aos poucos, sem parar de bater. Se começar a se separar ou empelotar, pare de acrescentar os ovos, junte 2-3 colheres de sopa de farinha e bata mais um pouco. Isso dará liga à massa. Depois que todo o ovo estiver incorporado na mistura, peneire a farinha e incorpore com cuidado até que a massa esteja bem misturada. Isso ajudará a massa a ficar leve e macia.

Distribua a massa igualmente pelas formas. Se for difícil de medir visualmente, utilize uma balança de cozinha para pesar a quantidade de massa adequada para cada forma.

Asse por 15-20 minutos, dependendo do seu forno. Se estiver utilizando formas mais fundas, a massa demorará mais para cozinhar. A massa estará pronta quando as bordas estiverem começando a encolher e a superfície estiver dourada. Se você pressionar a superfície levemente com o dedo, o bolo deve retornar à forma inicial. Se ainda houver dúvidas, insira uma faca limpa ou palito no centro de cada bolo; deverá sair limpo.

Para fazer a calda de açúcar

Enquanto os bolos estiverem assando, prepare a calda de açúcar para molhá-los depois. Em uma panela, coloque o suco de laranja e o açúcar refinado e leve à fervura. Cozinhe lentamente até que todo o açúcar seja dissolvido. Retire do fogo, deixe esfriar um pouco e acrescente o licor de laranja.

Quando os bolos estiverem assados, deixe-os descansar fora do forno por aproximadamente 10 minutos. Com um pincel para massas, molhe a superfície deles com a calda de açúcar enquanto ainda estiverem quentes; isso faz com que a calda seja absorvida mais rápido.

Quando estiverem mornos, passe uma faca em volta dos bolos e remova-os das formas. Deixe esfriarem por completo sobre uma grade.

Quando estiverem frios, embale-os em filme plástico e deixe que descansem de um dia para o outro em temperatura ambiente. Isso fará com que toda a umidade fique presa e as massas fiquem na textura ideal para serem aparadas e empilhadas. Se for aparada pouco depois de assar, a massa tende a ficar quebradiça e pode até mesmo desmanchar.

Para fazer a *ganache*

Coloque o creme de leite em uma panela e esquente até um pouco antes da fervura. Coloque o chocolate em uma tigela e cobra com o creme de leite quente. Misture com cuidado utilizando um batedor de arame ou espátula até que o chocolate esteja derretido. Acrescente a glucose e deixe a *ganache* firmar até que fique com uma consistência de manteiga.

Para montar o bolo

Apare e empilhe as três camadas de bolo utilizando 2 colheres de sopa de *ganache* na primeira camada e 2 colheres de sopa de geleia na segunda. Com metade da *ganache* restante, cubra levemente as laterais e a parte superior do bolo. Para instruções mais detalhadas sobre como fazer isso, veja nas páginas 180-181.

Para cobrir o bolo

Coloque o bolo sobre uma grade e coloque uma bandeja por baixo. Separe aproximadamente 1 colher de sopa de *ganache* para a decoração e então aqueça o restante até que se transforme em um líquido espesso. Derrame a *ganache* aquecida sobre o bolo, prestando atenção para que as laterais sejam cobertas uniformemente. Bata de leve na bandeja para espalhar a *ganache* e estoure possíveis bolhas. Resfrie o bolo até que a cobertura esteja firme.

Para decorar

Coloque o bolo sobre o suporte giratório. Preencha um saco para confeitar de papel com a *ganache* reservada, corte a ponta do saco formando um pequeno orifício e confeite uma borda decorada pela circunferência da parte superior do bolo, girando o suporte conforme for necessário

Sirva o bolo em temperatura ambiente. Esse bolo fica melhor se consumido em 3 dias depois de assado, mas pode durar até 1 semana.

BOLO DE LIMÃO *LIMONCELLO*

ESTE É UM BOLO REALMENTE ADORÁVEL – LEVE, ÚMIDO E CHEIO DE SABOR. AS MARGARIDAS DE AÇÚCAR ESPALHADAS COMPLEMENTAM A COBERTURA REFRESCANTE DE CREME DE MANTEIGA COM LIMÃO-SICILIANO.

Rende um bolo redondo com 15 cm de diâmetro que serve 8-12 fatias.

ingredientes

Para a decoração
150 g de pasta americana branca
Uma pequena quantidade de gordura
vegetal branca
Corante comestível em pasta nas cores verde
e amarelo
Uma pequena quantidade de glacê real
(ver nas páginas 182-183)

Para a massa
200 g de manteiga sem sal, amolecida
200 g de açúcar refinado
Uma pitada de sal
Raspas finas das cascas de
2 limões-sicilianos não encerados
4 ovos médios
200 g de farinha de trigo com fermento

Para a calda de açúcar
150 ml de suco de limão-siciliano
recém-espremido
150 g de açúcar refinado
50 ml de licor *Limoncello*

Para o recheio de creme de manteiga
80 g de manteiga sem sal
80 g de açúcar de confeiteiro, peneirado
Uma pitada de sal
40 g de geleia de limão com *Limoncello* ou
qualquer outra geleia de limão
de boa qualidade

material

Kit básico de confeitaria (ver na página 172)
Três formas redondas para bolo com
15 cm de diâmetro
Cortador de bolo ou uma faca
de serra grande
Suporte giratório com superfície
antideslizante
Um disco chato para colocar sobre o suporte
giratório (eu uso a base removível de uma forma
redonda desmontável com 30 cm de diâmetro)
Base de cartolina redonda para bolos com
15 cm de diâmetro
Raspador lateral de metal
Para as margaridas e folhas veja o
equipamento necessário na página 173

Faça margaridas simples e as folhas para a decoração com um dia de antecedência, seguindo as instruções na página 173. Asse os bolos um dia antes de montar e servir. Faça a calda de açúcar enquanto estiver assando os bolos. Prepare o recheio, monte e decore o bolo no dia em que for servir.

Para fazer a decoração
Misture dois terços da pasta americana com um pouco de gordura vegetal. Misture o terço restante com o corante comestível verde em pasta, para que fique com uma coloração verde clara. Misture o glacê real com o corante comestível amarelo em pasta para que fique com uma coloração clara de limão-siciliano. Siga as instruções nas páginas 182-183. Utilizando um cortador com formato de margarida, um cortador com formato de folha e forma para fazer os vincos, faça aproximadamente 12 margaridas e folhas pequenas. Deixe secar em um ambiente arejado e seco.

Preaqueça o forno a 175 °C.

Unte as laterais das formas com óleo e forre-as com papel-manteiga. Para instruções mais detalhadas sobre como fazer isso, veja na página 87.

Para fazer a massa
Coloque a manteiga, o açúcar, o sal e as raspas de limão-siciliano em uma tigela e bata até que fique claro e aerado.

DELICIOSOS BOLOS EM CAMADAS

Bata os ovos levemente em outra tigela e acrescente à mistura de manteiga aos poucos, sem parar de bater. Se começar a se separar ou empelotar, pare de acrescentar os ovos, junte 2-3 colheres de sopa de farinha e bata mais um pouco. Isso dará liga à massa.

Depois que todo o ovo estiver incorporado na mistura, peneire a farinha e junte com cuidado até que a massa esteja bem misturada. Isso ajudará a massa a ficar leve e macia.

Distribua a massa igualmente pelas formas. Se for difícil de medir visualmente, utilize uma balança de cozinha para pesar a quantidade adequada para cada forma.

Asse por 15-20 minutos, dependendo do seu forno. Se estiver utilizando formas mais fundas, a massa demorará mais para cozinhar. Ela estará pronta quando as bordas estiverem começando a encolher e a superfície estiver dourada. Se você pressionar a superfície levemente com o dedo, o bolo deve retornar à forma inicial. Se ainda houver dúvidas, insira uma faca limpa ou palito no centro de cada bolo; deverá sair limpo.

Para fazer a calda de açúcar

Enquanto os bolos estiverem assando, prepare a calda de açúcar para molhá-los depois. Em uma panela, coloque o suco de limão-siciliano e o açúcar e leve à fervura. Cozinhe lentamente até que todo o açúcar seja dissolvido. Retire do fogo, deixe esfriar um pouco e acrescente o licor *Limoncello*.

Quando os bolos estiverem assados, deixe-os descansar fora do forno por aproximadamente 10 minutos. Com um pincel para massas, molhe a superfície dos bolos com a calda de açúcar enquanto ainda estiverem quentes; isso faz com que a calda seja absorvida mais rápido.

Quando estiverem mornos, passe uma faca em volta dos bolos e remova-os das formas. Deixe esfriarem por completo sobre uma grade.

Quando estiverem frios, embale-os em filme plástico e deixe que descansem de um dia para o outro em temperatura ambiente. Isso fará com que toda a umidade fique presa e as massas fiquem na textura ideal para serem aparadas e empilhadas. Se for aparada pouco depois de assar, a massa tende a ficar quebradiça e pode até mesmo desmanchar.

Para fazer o recheio de creme de manteiga

Coloque a manteiga, o açúcar de confeiteiro e o sal em uma tigela e bata até que fique bem claro e aerado. Acrescente a geleia de limão à mistura e mexa até ficar uniforme.

Para montar o bolo

Apare e empilhe as três camadas de bolo utilizando um terço do recheio e a calda de *Limoncello* para molhar. Cubra as laterais e a parte superior do bolo com o restante do recheio. Para instruções detalhadas sobre como fazer isso, veja nas páginas 180-181. Refrigere até que fique firme.

Para decorar

Distribua as margaridas e folhas pela circunferência da parte superior do bolo e fixe-as com uma gota do creme de manteiga.

Sirva o bolo em temperatura ambiente. Esse bolo fica melhor se consumido dentro de 3 dias depois de assado, mas pode durar até 1 semana.

dica

Decorações feitas com açúcar atraem umidade e podem desmanchar quando expostas a ambientes úmidos, portanto, não armazene o bolo na geladeira depois de decorado, se não for consumido no mesmo dia.

BOLO CREMOSO DE CARAMELO

UMA RECEITA MARAVILHOSA PARA AQUELES QUE AMAM TUDO QUE É DOCE. O TOQUE DE CONHAQUE COMPLEMENTA PERFEITAMENTE O SABOR DE CARAMELO ENQUANTO O FORMATO E A COBERTURA DE CHOCOLATE EM PÓ DÃO UM APARÊNCIA CONTEMPORÂNEA INTERESSANTE.

Rende um bolo redondo com 15 cm diâmetro que serve 8-12 fatias.

ingredientes

Para a massa
200 g de manteiga sem sal, amolecida
200 g de açúcar refinado
Uma pitada de sal
Sementes de 1 fava de baunilha
4 ovos médios
200 g de farinha de trigo com fermento

Para a calda de açúcar
150 ml de água
150 g de açúcar refinado
Uma fava de baunilha sem as sementes
2 colheres de sopa de conhaque

Para o recheio de creme de manteiga
100 g de manteiga sem sal
100 g de açúcar de confeiteiro, peneirado
Uma pitada de sal
50 g de doce de leite ou uma lata de leite condensado cozida em água por 3 horas

Para a decoração
Aproximadamente 2 colheres de sopa de chocolate em pó

material

Kit básico de confeitaria (ver na página 172)
Três formas redondas para bolo com 15 cm de diâmetro
Cortador de bolo ou uma faca de serra grande
Suporte giratório com superfície antideslizante
Um disco chato para colocar sobre o suporte giratório (eu uso a base removível de uma forma redonda desmontável com 30 cm de diâmetro)
Base de cartolina redonda para bolos com 15 cm de diâmetro
Raspador lateral canelado (eu uso um da Wilton)

Asse os bolos um dia antes de servir. Faça a calda de açúcar enquanto os bolos estiverem assando. Prepare o recheio e monte e decore os bolos no dia em que for servir. Polvilhe o bolo com o chocolate em pó bem na hora de servir, pois, depois de algumas horas, o chocolate pode absorver umidade do creme e ficar com uma aparência molhada.

Preaqueça o forno a 175 ºC.

Unte as laterais das formas com óleo e forre com papel-manteiga. Para instruções mais detalhadas sobre como fazer isso veja na página 87.

Para fazer a massa
Coloque a manteiga, o açúcar, o sal e as sementes de baunilha em uma tigela e bata até que fique claro e aerado.

Bata os ovos levemente em outra tigela e acrescente à mistura de manteiga aos poucos, sem parar de bater. Se começar a se separar ou empelotar, pare de acrescentar os ovos, junte 2-3 colheres de sopa de farinha e bata mais um pouco. Isso dará liga à massa. Depois que todo o ovo estiver incorporado na mistura, peneire a farinha e incorpore com cuidado até que a massa esteja bem misturada. Isso ajudará a massa a ficar leve e macia.

Distribua a massa igualmente pelas formas. Se for difícil de medir visualmente, utilize uma balança de cozinha para pesar a quantidade adequada para cada forma.

UTILIZE UM RASPADOR LATERAL CANELADO PARA CRIAR UM DESENHO ESCULPIDO AO REDOR DO BOLO. ALISE A PARTE SUPERIOR COM UMA ESPÁTULA PARA CONFEITAR.

Asse por 15-20 minutos, dependendo do seu forno. Se estiver utilizando formas mais fundas, a massa demorará mais para cozinhar. A massa estará pronta quando as bordas estiverem começando a encolher e a superfície estiver dourada. Se você pressionar a superfície levemente com o dedo, o bolo deve retornar à forma inicial. Se ainda houver dúvidas, insira uma faca limpa ou palito no centro de cada bolo; deverá sair limpo.

Para fazer a calda de açúcar
Enquanto os bolos estiverem assando, prepare a calda de açúcar para molhá-los depois. Em uma panela, coloque a água, o açúcar e a fava de baunilha e leve à fervura. Cozinhe lentamente até que todo o açúcar seja dissolvido. Retire do fogo, deixe esfriar um pouco e acrescente o conhaque.

Quando os bolos estiverem assados, deixe-os descansar fora do forno por aproximadamente 10 minutos. Com um pincel para massas, molhe a superfície dos bolos com a calda de açúcar enquanto ainda estiverem quentes; isso faz com que a calda seja absorvida mais rápido.

Quando estiverem mornos, passe uma faca em volta dos bolos e remova-os das formas. Deixe esfriarem por completo sobre uma grade.

Quando estiverem frios, embale-os em filme plástico e deixe que descansem de um dia para o outro em temperatura ambiente. Isso fará com que toda a umidade fique presa e as massas fiquem na textura ideal para serem aparadas e empilhadas. Se for aparada pouco depois de assar, ela tende a ficar quebradiça e pode até mesmo desmanchar.

Para fazer o recheio de creme de manteiga
Coloque a manteiga, o açúcar de confeiteiro e o sal em uma tigela e bata até que fique bem claro e aerado.

Acrescente o doce de leite à mistura e mexa bem até que fique uniforme.

Para montar o bolo
Apare e empilhe as três camadas de bolo utilizando um terço do recheio e a calda de açúcar com conhaque para molhar. Cubra as laterais e a parte superior do bolo com o restante do recheio. Para instruções detalhadas sobre como fazer isso, veja na página 180-181.

Para decorar
Cubra o bolo gelado com outra camada generosa de creme de manteiga e, com um raspador canelado, crie um desenho similar a um barril esculpido e repita o processo até que você esteja contente com o resultado. Acerte a parte superior com uma pequena espátula.

Resfrie até que fique mais firme. Polvilhe o bolo livremente com chocolate em pó antes de servir.

Sirva o bolo em temperatura ambiente. Esse bolo fica melhor se consumido dentro de 3 dias depois de assado, mas pode durar até 1 semana.

BOLO TRUFADO DE CHOCOLATE MEIO AMARGO

ESSE É UM BOLO DE CHOCOLATE DE SABOR INTENSO E TEXTURA MACIA, QUE FICA MELHOR AO SER SERVIDO EM TEMPERATURA AMBIENTE. A COBERTURA DE GANACHE DERRETE NA BOCA E POSSUI UM AROMA ABSOLUTAMENTE VICIANTE.

Rende um bolo quadrado de 15 cm que serve aproximadamente 18 fatias.

ingredientes

Para a mistura do bolo
250 g de chocolate simples (com pelo menos 53% de cacau), picado ou em gotas
335 ml de leite
570 g de açúcar mascavo claro
210 g de manteiga sem sal, amolecida
4 ovos grandes
365 g de farinha de trigo
1 colher de chá de fermento químico
1 colher de chá de bicarbonato de sódio
Uma pitada de sal
15 g de chocolate em pó

Para a *ganache*
275 ml de creme de leite
350 g de chocolate simples (com pelo menos 53% de cacau), picado ou em gotas
30 g de glucose

material

3 formas quadradas para bolo com 15 cm de largura
Cortador de bolo ou uma faca de serra grande
Suporte giratório com superfície antideslizante
Um disco chato para colocar sobre o suporte giratório (eu uso a base removível de uma forma redonda desmontável com 30 cm de diâmetro)
Base de cartolina quadrada para bolos com 15 cm de largura
Raspador lateral de metal
Saco para confeitar descartável
Bico para confeitar tipo pitanga

Asse os bolos um dia antes de servir. Monte e decore o bolo no dia em que for servir. Prepare a *ganache* algumas horas antes de utilizar, para que tenha tempo de firmar.

Preaqueça o forno a 160 °C.

Unte as laterais das formas com óleo e forre com papel-manteiga. Para instruções mais detalhadas sobre como fazer isso, veja na página 87.

Para fazer o bolo
Coloque o chocolate, o leite e 285 g do açúcar mascavo claro em uma panela funda e leve à fervura sem parar de mexer com uma espátula.

Coloque a manteiga e o restante do açúcar em uma tigela e bata até que fique claro e aerado.

Bata os ovos levemente em outra tigela e acrescente à mistura de manteiga aos poucos, sem parar de bater.

Peneire a farinha, o fermento, o bicarbonato de sódio, o sal e o chocolate em pó e incorpore na mistura de manteiga em duas levas. Misture lentamente até que fique uniforme.

Derrame a mistura quente de chocolate dentro da massa aos poucos, em um fluxo fino e contínuo, mexendo em velocidade média. Raspe a parte inferior da tigela para ter certeza de que ficará bem misturado.

Distribua imediatamente a massa pelas formas e asse por 30-40 minutos, dependendo do seu forno.

A massa estará pronta quando as bordas estiverem começando a encolher. Se você pressionar a superfície levemente com o dedo, o bolo deve retornar à forma inicial. Depois de cozida, ela fica um pouco densa e úmida, então, ao inserir uma faca limpa ou palito no centro de cada bolo, algumas migalhas deverão sair grudadas.

PARA DECORAR A BORDA SUPERIOR, CONFEITE ORNAMENTOS EM FORMA DE "S" E EM "C". PARA A BASE, CONFEITE UMA SÉRIE DE CONCHAS.

Depois de assados, deixe os bolos descansarem fora do forno por aproximadamente 30 minutos.

Quando estiverem mornos, passe uma faca em volta dos bolos e remova-os das formas. Deixe esfriarem por completo sobre uma grade.

Quando estiverem frios, embale-os em filme plástico e deixe que descansem de um dia para o outro em temperatura ambiente. Isso fará com que toda a umidade fique presa e as massas fiquem na textura ideal para serem aparadas e empilhadas. Se for aparada pouco depois de assar, a massa tende a ficar quebradiça e pode até mesmo desmanchar.

Para fazer a *ganache*
Coloque o creme de leite em uma panela e aqueça até um pouco antes da fervura.

Coloque o chocolate e a glucose em uma tigela e derrame o creme quente por cima. Mexa bem até que fique uniforme. Depois de misturado, deixe em temperatura ambiente para firmar; a *ganache* deve ficar com consistência de manteiga um pouco mole.

Para montar o bolo
Com o cortador de bolo ou faca de serra, apare as crostas superior e inferior dos bolos. Transforme os 3 bolos em 3 camadas quadradas com a mesma espessura.

Empilhe as três camadas de bolo utilizando a *ganache*. Com um terço da *ganache*, cubra as laterais e a parte superior do bolo. Para instruções mais detalhadas sobre como fazer isso, veja nas páginas 180-181. Cobrir um bolo quadrado é um pouco mais complicado do que um bolo redondo, já que você precisa fazer os 4 lados separadamente. Resfrie até que esteja firme.

Para cobrir o bolo
Coloque o bolo sobre uma grade para resfriar com uma bandeja por baixo. Aqueça o restante da *ganache* até que se torne um líquido espesso. Derrame-a sobre a superfície do bolo prestando atenção para que as laterais sejam cobertas uniformemente. Bata levemente na bandeja para espalhar o *ganache* e estoure possíveis bolhas. Resfrie o bolo até que esteja firme.

Para decorar
Coloque o bolo sobre um suporte para bolos ou um suporte giratório coberto por uma folha de papel-manteiga.

Pegue a *ganache* que caiu na bandeja e bata à mão com um batedor de arame até que endureça um pouco. Colo que um bico tipo pitanga em um saco para confeitar descartável e preencha com a *ganache*. Confeite uma série de desenhos em forma de "S" e "C" por toda a borda superior do bolo. Confeite pequenas conchas ao redor da borda inferior. Para instruções mais detalhadas sobre como fazer isso, veja na página 185. Se o bolo foi colocado sobre papel-manteiga, resfrie até que as bordas confeitadas estejam firmes antes de passar para um suporte para bolos.

Sirva em temperatura ambiente. Esse bolo fica melhor se consumido dentro de 3 dias depois de assado, mas pode durar até 1 semana.

BOLO DE CHOCOLATE BRANCO COM MARACUJÁ

ESSE BOLO POSSUI UMA COMBINAÇÃO EXÓTICA DE SABORES. NA PRIMEIRA MORDIDA, VOCÊ SENTE O SABOR DO MAIS DOCE CHOCOLATE BRANCO, MAS AÍ O SABOR PENETRANTE DA GELEIA DE MARACUJÁ EXPLODE NA BOCA. DECORE COM CURVAS CONFEITADAS E VELAS BONITINHAS PARA TRANSFORMÁ-LO EM UM BOLO DE ANIVERSÁRIO SIMPLES, MAS TAMBÉM SOFISTICADO.

Rende um bolo redondo com 15 cm de diâmetro que serve aproximadamente 12 fatias.

ingredientes

Para a mistura do bolo
125 g de chocolate branco, picado ou em gotas
170 ml de leite
60 g de açúcar mascavo claro e macio
225 g de açúcar refinado
105 g de manteiga sem sal, amolecida
2 ovos grandes
215 g de farinha de trigo
1 colher de chá de fermento químico
Uma pitada de sal

Para o creme de chocolate
50 ml de creme de leite
65 g de chocolate branco, picado ou em gotas
55 g de manteiga sem sal, amolecida
55 g de açúcar de confeiteiro, peneirado

Para o recheio
2 colheres de sopa de geleia de maracujá de boa qualidade

material

Kit básico de confeitaria (ver na página 172)
Três formas redondas para bolo com 15 cm de diâmetro
Cortador de bolo ou uma faca de serra grande
Suporte giratório com superfície antideslizante
Um disco chato para colocar sobre o suporte giratório (eu uso a base removível de uma forma redonda desmontável com 30 cm de diâmetro)
Base de cartolina quadrada para bolos com 15 cm de largura
Raspador lateral de metal
Saco para confeitar descartável
Bico para confeitar redondo (tipo *Perlé*) de 4 mm

Asse os bolos um dia antes de servir. Prepare o creme de chocolate e monte e decore o bolo no dia em que for servir.

Preaqueça o forno a 160 °C.

Unte as laterais das formas com óleo e forre com papel-manteiga. Para instruções detalhadas sobre como fazer isso, veja na página 87.

Para fazer o bolo
Coloque o chocolate branco, o leite, o açúcar mascavo claro e 85 g do açúcar refinado em uma panela funda e leve à fervura enquanto mexe com uma espátula.

Coloque a manteiga e o restante do açúcar em uma tigela e bata até que fique claro e aerado. Bata os ovos levemente em outra tigela e acrescente à mistura de manteiga aos poucos, sem parar de bater.

Peneire a farinha, o fermento, o sal e o chocolate em pó e incorpore na mistura de manteiga em duas levas. Misture lentamente até que fique uniforme.

Derrame a mistura quente de chocolate dentro da massa aos poucos, em um fluxo fino e contínuo, mexendo em velocidade média. Raspe a parte inferior da tigela para ter certeza de que ficará bem misturado.

Distribua a massa imediatamente e por igual entre as formas de bolo. Se for difícil de medir visualmente, utilize uma balança de cozinha para pesar a quantidade adequada para cada forma.

DIVIDA A BORDA SUPERIOR EM DOZE PARTES IGUAIS E ENTÃO CONFEITE UMA SÉRIE DE CURVAS DUPLAS FINALIZADAS COM PONTOS.

Asse por 25-30 minutos, dependendo do seu forno. A massa estará pronta quando as bordas estiverem começando a encolher e a superfície estiver dourada. Se você pressionar a superfície levemente com o dedo, o bolo deve retornar à forma inicial. Se ainda houver dúvidas, insira uma faca limpa ou palito no centro de cada bolo; deverá sair limpo.

Quando os bolos estiverem assados, deixe-os descansar fora do forno por aproximadamente 30 minutos. Quando estiverem mornos, passe uma faca em volta dos bolos e remova-os das formas. Deixe esfriarem por completo sobre uma grade.

Quando estiverem frios, embale-os em filme plástico e deixe que descansem de um dia para o outro em temperatura ambiente. Isso fará com que toda a umidade fique presa e as massas fiquem na textura ideal para serem aparadas e empilhadas. Se for aparada pouco depois de assar, a massa tende a ficar quebradiça e pode até mesmo desmanchar.

Para fazer o creme de chocolate

Coloque o creme de leite em uma panela e aqueça até um pouco antes da fervura.

Coloque o chocolate branco em uma tigela e derrame o creme de leite quente por cima. Misture bem até que fique uniforme. Depois, deixe firmar em temperatura ambiente; a *ganache* de chocolate deve ficar com a consistência de manteiga um pouco mole.

Coloque a manteiga e o açúcar de confeiteiro em uma tigela e bata até que fique claro e aerado. Junte a *ganache* de chocolate branco uma colher de sopa por vez e mexa até que fique uniforme.

Para montar o bolo

Apare e empilhe as três camadas de bolo utilizando a geleia de maracujá. Guarde uma colher de sopa do creme de chocolate para a decoração e, com o restante do creme, cubra as laterais e a parte superior do bolo. Para instruções detalhadas sobre como fazer isso, veja nas páginas 180-181. Resfrie até que fique firme.

Para decorar

Coloque o bolo sobre um pedestal ou então sobre um suporte giratório coberto com papel-manteiga.

Coloque um bico redondo dentro de um saco para confeitar descartável e preencha com o restante do creme de chocolate. Divida o bolo em 12 segmentos iguais. Começando da borda superior, confeite uma série de curvas duplas ao redor de todo o bolo, girando o suporte conforme necessário. Para finalizar, confeite pontos sobre o local onde as curvas se encontram e uma série de pontos ao redor da base do bolo. Para instruções mais detalhadas sobre como fazer isso, veja na página 185. Se o bolo foi colocado sobre papel-manteiga, resfrie até que a decoração esteja firme antes de passar para um suporte para bolos.

Sirva o bolo em temperatura ambiente. Esse bolo fica melhor se consumido dentro de 3 dias depois de assado, mas pode durar até 1 semana.

BOLO DE CENOURA FORMIDÁVEL

UM BOLO EXCEPCIONALMENTE ÚMIDO E PERFEITAMENTE BALANCEADO, COM PEDAÇOS SUCULENTOS DE ABACAXI ALÉM DE CENOURAS E NOZES. FICA DELICIOSO COM ESTE CREME DE MANTEIGA COM LIMÃO. PODE TAMBÉM SER ASSADO EM UMA FORMA DE BOLO INGLÊS E APRECIADO POR SI SÓ.

Rende um bolo redondo com 15 cm de diâmetro que serve 8-12 fatias.

ingredientes

Para a mistura do bolo
140 ml de óleo vegetal
200 g de açúcar mascavo claro
80 ml de ovos batidos (aproximadamente
1 ovo pequeno e meio)
80 g de nozes, torradas e bem picadas
320 g de cenouras, descascadas e raladas
280 g de abacaxi em calda, escorrido
e esmagado
290 g de farinha de trigo
¾ de colher de chá de bicarbonato de sódio
¾ de colher de chá de fermento químico
¾ de colher de chá de canela em pó
Uma pitada de sal
Sementes de 1 fava de baunilha

Para o recheio de creme de manteiga
125 g de manteiga sem sal, amolecida
125 g de açúcar de confeiteiro, peneirado
Raspas finas da casca de 1 limão-siciliano
não encerado
Uma pitada de sal

Para a decoração
150 g de pasta americana branca
1 colher de chá de goma adragante
Uma pequena quantidade de gordura
vegetal branca

Corantes comestíveis em pasta nas cores
laranja, verde, azul e marrom
Uma pequena quantidade de álcool potável
incolor ou cola comestível

material

Kit básico de confeitaria (ver na página 172)
Três formas redondas para bolo com
15 cm de diâmetro
Cortador de bolo ou uma faca de serra grande
Suporte giratório com superfície
antideslizante
Um disco chato para colocar sobre o suporte
giratório (eu uso a base removível de uma forma
redonda desmontável com 30 cm de diâmetro)
Base de cartolina redonda para bolos
com 15 cm de diâmetro
Raspador lateral de metal
Saco para confeitar descartável
Bico para confeitar redondo (tipo *Perlé*) de 4 mm
Para fazer os apliques de flores, veja a lista de
materiais necessários na página 176

Asse os bolos um dia antes de servir. Prepare o recheio de creme de manteiga, monte e decore o bolo no dia em que for servir.

Preaqueça o forno a 180 °C.

Unte as laterais das formas com óleo e forre com papel-manteiga. Para instruções detalhadas sobre como fazer isso, veja na página 87.

Para fazer o bolo
Coloque o óleo vegetal e o açúcar mascavo em uma tigela e bata. Bata os ovos levemente em outra tigela e acrescente aos poucos à mistura de óleo, até obter uma emulsão uniforme. Acrescente as nozes, as cenouras e o abacaxi e mexa com cuidado até que tudo esteja bem misturado.

Peneire a farinha, o bicarbonato de sódio, o fermento, a canela e o sal e misture à emulsão em duas levas. Misture tudo em velocidade lenta até que a massa esteja uniforme.

Distribua a massa igualmente entre as formas. Se for difícil de medir visualmente, utilize uma balança de cozinha para pesar a quantidade adequada para cada forma.

Asse por 40-50 minutos, dependendo do seu forno. Se estiver utilizando formas mais fundas, a massa demorará mais para cozinhar. Ela estará pronta quando as bordas estiverem começando a encolher e a superfície estiver dourada. Se você pressionar a superfície levemente com o dedo, o bolo deve retornar à forma inicial. Se ainda houver dúvidas, insira uma faca limpa ou palito no centro de cada bolo; deverá sair limpo.

Quando os bolos estiverem assados, deixe-os descansar fora do forno por aproximadamente 10 minutos. Quando estiverem mornos, passe uma faca em volta dos bolos e remova-os das formas. Deixe esfriarem por completo sobre uma grade.

FAÇA APLIQUES DE FLORES COM A PASTA AMERICANA EM DIVERSAS CORES E TAMANHOS. SOBREPONHA FLORES DE TAMANHOS E FORMAS DIFERENTES PARA FORMAR CADA APLIQUE.

Quando estiverem frios, embale-os em filme plástico e deixe que descansem de um dia para o outro em temperatura ambiente. Isso fará com que toda a umidade fique presa e as massas fiquem na textura ideal para serem aparadas e empilhadas. Se for aparada pouco depois de assar, a massa tende a ficar quebradiça e pode até mesmo desmanchar.

Para fazer o recheio de creme de manteiga
Coloque a manteiga, o açúcar de confeiteiro, as raspas de limão siciliano e o sal em uma tigela e bata até que fique bem claro e aerado.

Para montar o bolo
Apare e empilhe as três camadas de bolo utilizando um terço do recheio de limão. Com o restante do creme, cubra as laterais e a parte superior do bolo. Para instruções detalhadas sobre como fazer isso, veja nas páginas 180-181. Resfrie até que fique firme.

Para decorar
Faça alguns apliques de flores seguindo as instruções na página 176.

Coloque o bolo sobre um pedestal ou sobre um suporte giratório coberto com papel-manteiga.

Fixe as decorações ao redor das laterais do bolo com um pouco de creme de manteiga. Corte pontas que estejam extrapolando as bordas do bolo (para cima ou para baixo) com uma faca de cozinha.

Coloque um bico redondo dentro de um saco para confeitar descartável e preencha com o restante do creme de manteiga. Confeite fileiras de pontos entre as flores por toda a lateral do bolo, girando o suporte conforme necessário. Para finalizar, confeite uma fileira de conchas ao redor da borda superior e da base do bolo. Para instruções detalhadas sobre como fazer isso, veja na página 185. Se o bolo foi colocado sobre papel-manteiga, resfrie até que a decoração esteja firme antes de passá-lo para um suporte para bolos.

Sirva o bolo em temperatura ambiente.

DELICIOSOS BOLOS EM CAMADAS

BOLO VICTORIA GLORIOSO

BASEADO NO CLÁSSICO BOLO VICTORIA, O SEGREDO DO SUCESSO DESSA RECEITA SIMPLESMENTE DELICIOSA É UTILIZAR INGREDIENTES DA MELHOR QUALIDADE. PARA DAR MAIS SABOR E UMIDADE, MOLHE AS CAMADAS DE BOLO COM CALDA DE AÇÚCAR COM BAUNILHA. A DECORAÇÃO FOI INSPIRADA NA ERA DA ORIGEM DO BOLO, COM ORNAMENTOS EM ESTILO VITORIANO COM FORMAS DE CONCHA.

Rende um bolo redondo com 15 cm de diâmetro que serve 8-12 fatias.

ingredientes

Para a massa
200 g de manteiga sem sal, amolecida
200 g de açúcar refinado
Uma pitada de sal
Sementes de ½ fava de baunilha
4 ovos médios
200 g de farinha de trigo com fermento

Para a calda de açúcar
150 ml de água
150 g de açúcar refinado
Uma fava de baunilha sem as sementes

Para o recheio de creme de manteiga
300 g de manteiga sem sal, amolecida
300 g de açúcar de confeiteiro, peneirado
Uma pitada de sal
Sementes de ½ fava de baunilha
Uma pequena quantidade de corante comestível cor-de-rosa em pasta
3 colheres de sopa de geleia de framboesa de boa qualidade

material

Três formas redondas para bolo com 15 cm de diâmetro
Cortador de bolo ou uma faca de serra grande
Suporte giratório com superfície antideslizante
Um disco chato para colocar sobre o suporte giratório (eu uso a base removível de uma forma redonda desmontável com 30 cm de diâmetro)
Base de cartolina redonda para bolos com 15 cm de diâmetro
Raspador lateral de metal
Dois sacos para confeitar descartáveis
Bico para confeitar médio tipo pitanga
Bico para confeitar redondo (tipo *Perlé*) de 4 mm

Asse os bolos um dia antes de servir. Faça a calda de açúcar enquanto estiver assando os bolos. Prepare o recheio de creme de manteiga, monte e decore os bolos no dia em que for servir.

Preaqueça o forno a 175 °C

Unte as laterais das formas com óleo e forre com papel-manteiga. Para instruções detalhadas sobre como fazer isso, veja na página 87.

Para fazer a massa
Coloque a manteiga, o açúcar, o sal e as sementes de baunilha em uma tigela e bata até que fique claro e aerado.

Bata os ovos levemente em outra tigela e acrescente à mistura de manteiga aos poucos, sem parar de bater. Se a mistura começar a separar ou empelotar, pare de acrescentar os ovos, junte 2-3 colheres de sopa de farinha e bata mais um pouco. Isso dará liga à massa. Depois que todo o ovo estiver incorporado na mistura, peneire a farinha e junte com cuidado até que esteja bem misturada. Isso ajudará a massa a ficar leve e macia.

Distribua a massa igualmente pelas formas. Se for difícil de medir visualmente, utilize uma balança de cozinha para pesar a quantidade adequada para cada forma.

Asse por 15-20 minutos, dependendo do seu forno. Se estiver utilizando formas mais fundas, a massa demorará mais para cozinhar. A massa estará pronta quando as bordas estiverem começando a encolher e a superfície estiver dourada. Se você pressionar a superfície levemente com o dedo, o bolo deve retornar à forma inicial. Se ainda houver dúvidas, insira uma faca limpa ou palito no centro de cada bolo; deverá sair limpo.

PARA RESPEITAR AS ORIGENS DESSE BOLO CLÁSSICO, DECORE-O COM ORNAMENTOS CONFEITADOS AO ESTILO VITORIANO.

Para fazer a calda de açúcar

Enquanto os bolos estiverem assando, prepare a calda de açúcar para molhá-los depois. Em uma panela, coloque a água, o açúcar e a fava de baunilha e leve à fervura. Cozinhe lentamente até que todo o açúcar seja dissolvido. Retire do fogo e deixe esfriar um pouco. Descarte a fava de baunilha.

Quando os bolos estiverem assados, deixe-os descansar fora do forno por aproximadamente 10 minutos. Com um pincel para massas, molhe a superfície dos bolos com a calda de baunilha enquanto ainda estiverem quentes; isso faz com que a calda seja absorvida mais rápido.

Quando estiverem mornos, passe uma faca em volta dos bolos e remova-os das formas. Deixe esfriarem por completo sobre uma grade.

Quando estiverem frios, embale-os em filme plástico e deixe que descansem de um dia para o outro em temperatura ambiente. Isso fará com que toda a umidade fique presa e as massas fiquem na textura ideal para serem aparadas e empilhadas. Se for aparada pouco depois de assar, ela tende a ficar quebradiça e pode até mesmo desmanchar.

Para fazer o recheio de creme de baunilha

Coloque a manteiga, o açúcar de confeiteiro, o sal e as sementes de baunilha em uma tigela e bata até que fique bem claro e aerado.

Acrescente uma pequena quantidade de corante comestível cor de rosa à mistura e mexa para obter uma coloração rosa pastel.

Para montar o bolo

Apare e empilhe as três camadas de bolo utilizando uma camada de creme de manteiga, uma camada de geleia de framboesa e a calda de baunilha para molhar. Com o restante do creme de manteiga, cubra as laterais e a parte superior do bolo. Para instruções detalhadas sobre como fazer isso, veja nas páginas 180-181.

Para decorar

Coloque o bolo sobre um pedestal ou então sobre um suporte giratório coberto com papel-manteiga.

Coloque um bico tipo pitanga dentro de um saco para confeitar descartável e preencha com uma generosa quantidade do creme de manteiga. Coloque o bico redondo no outro saco e preencha com o restante do creme.

Divida a parte superior do bolo em 8 segmentos iguais. Com o bico tipo pitanga, desenhe um anel de ornamentos em "C" por toda a circunferência, girando o suporte conforme for necessário. Em seguida, confeite uma concha em direção ao centro a partir do meio de cada ornamento em "C". Onde as oito conchas se encontrarem, faça um ornamento em espiral bem no centro do bolo. Com o bico redondo, confeite um padrão de pontos entre cada concha.

Com o bico tipo pitanga, confeite oito flores-de-lis uniformemente pela lateral do bolo, a partir da borda superior, e um ornamento em forma de concha de a partir da base do bolo sob cada uma. Para finalizar, confeite um ponto entre cada flor-de-lis e concha. Para instruções mais detalhadas sobre como fazer isso, veja na página 185. Se o bolo foi colocado sobre papel-manteiga, refrigere até que a decoração esteja firme antes de transferir para um suporte para bolos.

Sirva o bolo em temperatura ambiente. Esse bolo fica melhor se consumido dentro de 3 dias depois de assado, mas pode durar até 1 semana.

BOLOS CLÁSSICOS

BOLO NAPOLITANO MARMORIZADO

ESSE DELICIOSO BOLO MARMORIZADO ME TRAZ MEMÓRIAS DE INFÂNCIA MUITO QUERIDAS. ELE NÃO APENAS TEM O MESMO SABOR DO BOLO QUE MINHA AVÓ FAZIA, MAS É MUITO BONITO POR DENTRO QUANDO SE CORTA. EU MODIFIQUEI ESSA RECEITA RETRÔ CLÁSSICA ACRESCENTANDO UM TOM DE ROSA A MAIS NA MISTURA, E UTILIZEI UMA FORMA PARA BOLO BUNDT EM UM FORMATO MAIS CONTEMPORÂNEO.

Rende um bolo de 30 cm de diâmetro que serve 16-20 fatias.

ingredientes

Para a massa

250 g de manteiga sem sal, amolecida, e mais um pouco para untar a forma do bolo

250 g de açúcar refinado

Uma pitada de sal

Sementes de 1 fava de baunilha

5 ovos médios

250 g de farinha de trigo com fermento, peneirada

25 g de chocolate em pó

25 ml de leite

Corante comestível líquido cor-de-rosa

Farinha de trigo comum para polvilhar

Açúcar de confeiteiro para polvilhar

Para a calda de açúcar

150 ml de água

150 g de açúcar refinado

material

Uma forma para bolo tipo *Bundt* ou *Kugelhopf* com 30 cm de diâmetro

---

Preaqueça o forno a 175 °C. Unte o interior da forma com manteiga e polvilhe com farinha de trigo comum.

Para fazer a massa
Coloque a manteiga, o açúcar refinado, o sal e as sementes de baunilha em uma tigela e bata até que fique claro e aerado.

Bata os ovos levemente em outra tigela e acrescente à mistura de manteiga aos poucos, sem parar de bater. Se começar a se separar ou empelotar, pare de acrescentar os ovos, junte 2-3 colheres de sopa de farinha e bata mais um pouco. Isso dará liga à massa.

Depois que todo o ovo estiver incorporado na mistura, peneire a farinha e junte com cuidado até que a massa esteja bem misturada.

Divida a massa em três partes iguais. Misture a primeira com um pouco do corante comestível cor-de-rosa para criar uma coloração rosa pastel. Misture a segunda com o chocolate em pó e acrescente o leite. Mantenha a terceira do jeito que está.

Derrame a massa cor-de-rosa dentro da forma untada, em seguida a massa de chocolate e então a massa simples.

Para criar o efeito marmorizado, passe uma espátula ou um garfo pelas três massas com cuidado.

Asse por aproximadamente 1 hora, dependendo do seu forno. Se estiver utilizando uma forma mais funda, a massa demorará mais para cozinhar. Para verificar se está cozido, insira uma faca limpa ou palito no centro do bolo; deverá sair limpo.

Para fazer a calda de açúcar
Enquanto o bolo estiver assando, prepare a calda de açúcar para molhá-lo depois. Em uma panela, coloque a água e o açúcar refinado e leve à fervura. Cozinhe lentamente até que todo o açúcar seja dissolvido. Retire do fogo e deixe esfriar um pouco.

Quando o bolo estiver assado, deixe-o descansar fora do forno por aproximadamente 10 minutos. Com um pincel para massas, molhe a superfície do bolo com a calda de açúcar enquanto ainda estiver quente; isso faz com que ela seja absorvida mais rápido.

Quando estiver morno, retire-o da forma e deixe esfriar por completo sobre uma grade.

Polvilhe a superfície do bolo com açúcar de confeiteiro antes de servir, em temperatura ambiente.

TORTA DE CHOCOLATE COM AVELÃS

DURANTE UMA VIAGEM QUE FIZ À CIDADE AUSTRÍACA DE SALZBURG, DEPAREI-ME COM UM BOLO QUE ERA TÃO ÚMIDO, COM UM SABOR INTENSO DE CHOCOLATE E CASTANHAS, ALÉM DE UM TOQUE DE RUM, QUE NÃO CONSEGUIA ME CANSAR DE COMÊ-LO. PARA MIM, ERA UMA FATIA DO PARAÍSO, UMA EXPERIÊNCIA INESQUECÍVEL QUE SERVIU DE INSPIRAÇÃO PARA ESSA RECEITA. ESPERO QUE VOCÊ NÃO CONSIGA SE CANSAR DELE TAMBÉM.

Rende um bolo redondo com 20 cm de diâmetro que serve 8-12 fatias.

ingredientes

Para a torta
150 g de avelãs moídas
75 g de chocolate simples (com pelo menos 53% de cacau), picado ou em gotas
50 g de farinha de trigo com fermento
1 colher de chá de canela em pó
150 g de manteiga sem sal, amolecida
105 g de açúcar mascavo claro
Sementes de ½ fava de baunilha
3 ovos grandes, com gemas separadas das claras
1 ½ colher de sopa de rum escuro
Uma pitada de sal
Uma pitada de cremor de tártaro
20 g de açúcar refinado

Para a decoração
250 g de marzipã
250 g de *ganache* (ver na página 105)
Açúcar de confeiteiro para polvilhar
Chocolate em pó para polvilhar

material

Uma forma redonda desmontável com 20 cm de diâmetro
Um disco ou chapa chata de metal (eu uso a base solta de uma forma desmontável com 30 cm de diâmetro)
Uma faca de serra grande
Uma espátula angular grande
Estêncil para bolos com padrão de folhas ou feixes de trigo

Preaqueça o forno a 150 °C.

Forre a forma desmontável com papel-manteiga. Para instruções detalhadas sobre como fazer isso, veja na página 87.

Para fazer a torta
Coloque as avelãs, o chocolate e a farinha em um processador de alimentos e bata até que a mistura lembre uma farofa de biscoitos grosseira, mas não deve ficar oleosa. Transfira para uma tigela, acrescente a canela e reserve.

Coloque a manteiga, o açúcar mascavo claro e as sementes de baunilha em outra tigela, e bata até que fique claro e aerado.

Bata levemente as gemas em outra tigela e acrescente aos poucos à mistura, sem parar de mexer, até que esteja bem incorporado.

Incorpore metade da mistura de avelãs com chocolate na massa. Acrescente o rum e então junte a outra metade.

Em uma tigela limpa e seca, bata as claras com o sal e o cremor de tártaro até que formem picos macios. Acrescente o açúcar refinado e continue a bater, até que o merengue esteja brilhante sem estar seco.

Incorpore uma colher de sopa cheia de merengue na massa do bolo para amaciá-la e em seguida junte o restante para deixar a massa leve.

Derrame a massa na forma de bolo preparada e nivele a superfície utilizando a espátula angular ou as costas de uma colher.

Asse em uma das grades inferiores do forno por 50-55 minutos, dependendo do seu forno. A massa estará pronta quando a superfície estiver dourada e, se você pressionar levemente com o dedo, o bolo deve retornar à forma inicial. Se ainda houver dúvidas, insira uma faca limpa ou palito no centro do bolo; deverá sair limpo.

Quando o bolo estiver assado, deixe-o

PARA DAR O TOQUE FINAL A ESSA TORTA, ABRA O MARZIPÃ FINAMENTE E ENTÃO ESPALHE A *GANACHE* BRILHANTE POR CIMA.

descansar fora do forno por aproximadamente 30 minutos. Quando estiver frio, remova da forma a fim de decorar.

Para decorar
Abra o marzipã sobre uma superfície polvilhada com açúcar de confeiteiro até que fique com 3-4 mm de espessura **(1)**. Ele precisa ficar esticado o bastante para que você possa cortar um círculo com 20 cm de diâmetro nele. Coloque o marzipã aberto sobre um disco ou placa de metal **(2)**.

Aqueça a *ganache* com cuidado até que fique com uma consistência líquida espessa. Coloque-a em uma tigela ou jarra e bata dos lados para eliminar bolhas de ar que virão à superfície.

Derrame a *ganache* lentamente sobre o marzipã **(3)** e espalhe igualmente, utilizando uma espátula angular **(4)**. Se houver bolhas ou sulcos, bata a base metálica para nivelar a superfície. Leve ao refrigerador ou congelador e deixe resfriar até que a *ganache* esteja firme. Se a superfície do bolo for desigual, conserte com uma faca de serra e vire de cabeça para baixo, para que a parte mais perfeita fique para cima. Pincele a parte superior do bolo com uma camada fina de *ganache*.

Retire a folha de marzipã com *ganache* do refrigerador. Utilizando um cortador ligeiramente aquecido, corte um círculo com 20 cm de diâmetro **(5)**. Remova qualquer excesso e, com cuidado, utilize a espátula angular para levantar e colocar o círculo sobre o bolo **(6)**.

Enquanto o *ganache* ainda está firme, centralize o estêncil sobre a camada de *ganache*. Polvilhe a superfície livremente com chocolate em pó. Levante o estêncil com cuidado para visualizar o padrão formado.

Sirva o bolo em temperatura ambiente.

BOLO DE LIMÃO COM AMÊNDOAS E SEMENTES DE PAPOULA

ESSE É UM BOLO LEVE, AROMÁTICO E PONTILHADO POR SEMENTES DE PAPOULA, QUE NÃO APENAS DÃO UMA APARÊNCIA SIMPÁTICA, MAS TAMBÉM UMA TEXTURA CROCANTE. ESSA MASSA ÚMIDA E DELICIOSA DURA ALGUNS DIAS SE MANTIDA EM TEMPERATURA AMBIENTE.

Rende um bolo redondo com 25 cm de diâmetro que serve 12-16 fatias.

ingredientes

Para a massa
200 g de manteiga sem sal, amolecida, e mais um pouco para untar a forma do bolo
Farinha de trigo comum para polvilhar
200 g de açúcar refinado
4 ovos médios
200 g de farinha de trigo com fermento
100 g de amêndoas moídas
30 g de sementes de papoula moídas
(você mesmo pode moê-las, em um pilão)
Raspas finas da casca de dois limões-sicilianos
Para a calda de limão
100 ml de suco de limão-siciliano
100 g de açúcar refinado
Para a cobertura
500 g de *fondant* líquido
Suco de 1 limão-siciliano
1 colher de chá de glucose

material

Uma forma de bolo tipo *Kugelhopf* ou *Bundt* com 25 cm de diâmetro

Preaqueça o forno a 175 °C. Unte o interior da forma com manteiga amolecida e polvilhe com farinha de trigo comum.

Para fazer a massa
Coloque a manteiga, o açúcar e as raspas de limão em uma tigela e bata até que fique claro e aerado.

Bata os ovos levemente em outra tigela e acrescente à mistura de manteiga aos poucos, sem parar de bater. Se começar a se separar ou empelotar, pare de acrescentar os ovos, junte 2-3 colheres de sopa de farinha e bata mais um pouco. Isso dará liga à massa. Depois que todo o ovo estiver incorporado na mistura, peneire a farinha e incorpore com cuidado junto com as amêndoas e sementes de papoula, até que a massa esteja bem misturada.

Derrame-a dentro da forma untada com a ajuda de uma espátula de silicone. Antes de assar, bata levemente a forma na sua bancada algumas vezes, para ter certeza de que a massa preencheu todas as cavidades da parte inferior da forma.

Asse por 30-40 minutos, dependendo do seu forno. A massa estará pronta quando as bordas estiverem começando a encolher e a superfície estiver dourada. Se você pressionar a superfície levemente com o dedo, o bolo deve retornar à forma inicial. Se ainda houver dúvidas, insira uma faca limpa ou palito no centro do bolo; deverá sair limpo.

Para fazer a calda de limão
Enquanto o bolo estiver assando, prepare a calda de limão para molhá-lo depois. Em uma panela, coloque o suco de limão e o açúcar refinado e leve à fervura. Cozinhe lentamente até que todo o açúcar seja dissolvido. Retire do fogo e deixe esfriar um pouco.

Quando o bolo estiver assado, pincele o bolo imediatamente com metade da calda; isso faz com que ela seja absorvida mais rápido.

Deixe o bolo esfriar fora do forno por 30 minutos. Quando estiver morno, retire da forma e deixe esfriar completamente sobre uma grade. Pincele o restante do bolo com a outra metade da calda.

Para fazer a cobertura
Aqueça o *fondant* líquido com cuidado junto com o suco de limão, até que fique com uma textura líquida espessa. Não deixe ferver, pois perderá o brilho. Acrescente a glucose e misture. Derrame a cobertura de *fondant* sobre o bolo e deixe secar.

Sirva em temperatura ambiente.

CÚPULA DE FRAMBOESA COM ROSAS

ESSA É MINHA VERSÃO DA RECEITA CLÁSSICA SUECA BOLO DA PRINCESA, FEITO COM CAMADAS FINAS DE MASSA *JACONDE* RECHEADAS COM GELEIA DE FRAMBOESA COM ROSAS, CREME DE MANTEIGA COM BAUNILHA E FRAMBOESAS FRESCAS. COM UMA RECEITA ABSOLUTAMENTE DELICIOSA E PERFEITA PARA OCASIÕES ESPECIAIS, ESSE BOLO É DELICADO, ENTÃO FAÇA DECORAÇÕES SIMPLES.

Rende uma cúpula com 15 cm de diâmetro que serve 8-12 fatias.
Para fazer duas cúpulas, apenas dobre as quantidades abaixo.

ingredientes

Para o creme de confeiteiro
75 g de gemas (aproximadamente
3 gemas pequenas)
125 g de açúcar refinado
1 fava de baunilha
500 ml de leite integral
50 g de amido de milho

Para a massa *Jaconde*
3 ovos médios
125 g de açúcar de confeiteiro
125 g de amêndoas moídas
Claras de 3 ovos
15 g de açúcar refinado
40 g de farinha de trigo

Para o recheio
250 g de manteiga sem sal, em temperatura
ambiente
1 colher de chá de aguardente de fruta
(opcional)
2 colheres de sopa de geleia de framboesa
com rosas ou qualquer outra geleia de
framboesa de boa qualidade
Um pacote de framboesas
(aproximadamente 150 g)

Para a decoração
400 g de marzipã
600 g de pasta americana branca
Corantes comestíveis em pasta nas cores
marrom, verde e cor-de-rosa
1 colher de chá de goma adragante
Uma pequena quantidade de gordura vegetal
branca
1 colher de sopa de geleia de damasco,
peneirada
Açúcar de confeiteiro para polvilhar
Uma pequena quantidade de álcool potável
incolor, como vodca ou aguardente de fruta
Uma pequena quantidade de glacê real
(ver na página 183)

material

Duas assadeiras com pelo menos
30 cm de largura
Forma esférica com 15 cm de diâmetro
(eu uso metade de uma forma para bolo
em forma de bola)
Um cortador redondo com 15 cm de diâmetro
Saco para confeitar descartável
Base de cartolina para bolos com
15 cm de diâmetro
Saco para confeitar de papel
(veja na página 184)
Rolo para abrir massas antiaderente
Molde de rosa-mosqueta em silicone (eu uso
o molde *Dog Rose* da *FPC Sugarcraft*)
Cortador em forma de prímula
(médio ou grande)
Molde para flores (eu uso um molde da
Blossom Sugar Art)
Caixa de ovos ou paleta de tintas com buracos
Um pedaço de fita longo o bastante para
cobrir a circunferência do bolo
Cortador redondo com 2,5 cm de diâmetro

BOLOS CLÁSSICOS

Esse bolo possui uma vida útil de 3 dias quando armazenado no refrigerador, mas a decoração pode ficar mole e grudenta em condições frias e úmidas. Portanto, recomendo fazer o bolo com no máximo 2 dias de antecedência e consumi-lo em um dia.

Preaqueça o forno a 220 °C.

Forre duas assadeiras com papel-manteiga.

Para fazer o creme de confeiteiro

Bata as gemas com o açúcar refinado em uma tigela e então acrescente o amido de milho e misture bem. Coloque o leite, sementes de baunilha e a fava raspada em uma panela e aqueça até um pouco antes de ferver. Derrame aproximadamente um quarto do leite quente na mistura de gemas, mexendo bem até que fique uniforme.

Transfira essa mistura de gemas e leite de volta à panela com o restante do leite quente. Continue cozinhando até que a mistura engrosse e forme bolhas no centro, mexendo bem para que o creme não queime no fundo da panela. Prove o creme para verificar se está cozido; não deve ficar com sabor farinhento. A textura deve ser uniforme e espessa.

Transfira para uma tigela ou assadeira. Para evitar a formação de uma película na superfície, cubra o creme diretamente com filme plástico, pressionando com firmeza para que não haja bolsas de ar. Deixe esfriar e depois resfrie até o momento de usar.

Para fazer a massa *Jaconde*

Bata os ovos com o açúcar de confeiteiro até que fique claro, macio e aerado. Peneire juntos a farinha e as amêndoas moídas e então incorpore--as na mistura de ovos com uma espátula.

Em uma tigela limpa e seca, bata as claras com o açúcar refinado até que formem picos macios. Incorpore a mistura de merengue na massa.

Distribua a massa igualmente entre as assadeiras e nivele a superfície com uma espátula de confeitar ou com as costas de uma colher.

Asse por 8-10 minutos, dependendo do seu forno, na grade inferior.

A massa estará pronta quando as bordas estiverem começando a encolher, a superfície estiver levemente dourada e, ao ser apertada levemente com o dedo, voltar à forma original.

Deixe esfriar fora do forno, mas mantenha a massa dentro das assadeiras. Quando estiverem frias, cubra com filme plástico para evitar que ressequem.

Para fazer o recheio de creme de manteiga

Coloque o creme de confeiteiro em uma tigela e bata, acrescentando a manteiga amolecida aos poucos, até que seja completamente incorporada e o creme tenha engrossado. Acrescente a aguardente.

Para montar o bolo

Coloque a forma esférica sobre uma pequena tigela para segurá-la no lugar. Cubra o interior da forma com filme plástico, deixando uma sobra de filme além das bordas **(1)**.

Corte um círculo de massa com 30 cm de diâmetro **(2-3)**. Utilize-o para forrar o interior da forma esférica, deixando um pouco para fora das bordas. Corte o excesso com uma tesoura de cozinha **(4-7)**.

Preencha um saco para confeitar descartável com o recheio de creme de manteiga. Faça um corte a aproximadamente 2,5 cm da ponta e forme uma camada grossa de creme no fundo do molde de bolo. Em seguida, distribua 6 framboesas igualmente por cima **(8)**. Forme outra camada de creme por cima **(9)**. Continue colocando camadas de creme e framboesas até que esteja quase alcançando a borda superior da forma. Nivele a última camada de creme com uma espátula de confeitar **(10)**.

Corte dois círculos de massa com 15 cm de diâmetro da outra folha de massa com um cortador **(11)**. Empilhe os dois círculos com uma camada fina de geleia entre eles **(12-13)**. Coloque-os sobre a forma recheada com creme **(14)**. Cubra com uma camada fina de creme e então coloque a base de cartolina por cima **(16)**. Refrigere por pelo menos 4-6 horas, mas o ideal seria de um dia para o outro.

Para fazer a decoração

Enquanto o bolo está na geladeira, faça as flores para a decoração. Você pode fazer as flores com bastante antecedência e guardá-las por diversos meses em um local fresco e seco, mas não as guarde em um recipiente hermético pois a pasta pode suar e desmanchar.

Para fazer o bolo com coloração marrom clara, misture 400 g da pasta americana com corante comestível marrom em pasta para obter uma cor clara de café. Se for fazer o bolo verde, misture 400 g de pasta americana com o corante comestível verde em pasta até obter uma coloração verde pastel. Para evitar que resseque, mantenha a pasta americana embrulhada em filme plástico até o momento em que for usar.

Misture o restante da pasta americana com um pouco de corante comestível cor-de-rosa e a goma adragante. Acrescente um pouco de gordura vegetal branca para deixar a pasta mais macia e dobrável. Para o bolo marrom, faça apenas um tom rosa pastel. Para o bolo verde, crie alguns tons de rosa diferentes. Embrulhe a pasta americana em filme plástico e deixe descansar por 30 minutos, para que fique mais firme.

Para fazer as flores do bolo marrom, siga as instruções na página 174, utilizando o cortador em forma de prímula e o molde para flores.

Para fazer as rosas-mosquetas do bolo verde, esfregue um pouco de gordura vegetal no molde e pressione uma pequena bola de pasta americana cor-de-rosa contra o desenho em relevo. Aperte e nivele com as costas dos dedos e, se necessário, apare o excesso com uma faca pequena de cozinha. Para soltar a flor do molde, vire-o ao contrário até que a flor caia. Para uma técnica similar, veja na página 174. Coloque a flor de açúcar em uma superfície curva, como dentro dos buracos de uma paleta de tintas ou uma caixa de ovos forrada com papel-manteiga, para que sequem. Faça 3-4 flores em tons diferentes de rosa seguindo esse método.

Para decorar
Quando que bolo estiver firme, tire-o da geladeira e vire-o sobre uma folha de papel-manteiga. Retire a forma e o filme plástico **(1)**. Aqueça a geleia de damasco levemente e pincele uma a camada fina por toda a cúpula de bolo **(2)**.

Abra o marzipã sobre uma superfície polvilhada com açúcar de confeiteiro até que esteja com 3-4 mm de espessura. Deve ficar grande o bastante para cobrir a cúpula. Utilizando o rolo de massa, levante a folha de marzipã e deite-a

sobre a cúpula de bolo **(3)**. Acerte o marzipã ao redor da cúpula com seus dedos. Aperte as bordas na base e corte o excesso com uma faca de cozinha **(4)**.

Molhe suas mãos com um pouco de álcool potável incolor **(5)**. Espalhe o álcool sobre a cúpula coberta de marzipã. Isso cria um adesivo **(6)**. Abra a pasta americana e coloque por cima do marzipã da mesma forma **(7)**. Apare o excesso de pasta americana como antes **(8)**.

Para o bolo marrom, utilize uma fita para determinar a circunferência correta da base da cúpula **(9)**. Utilizando essa fita como guia e uma régua para a profundidade, abra uma tira fina com o restante pasta americana cor -de-rosa **(10)**. Corte uma fita com 2,5 cm de largura que seja longa o bastante para dar uma volta completa na base da cúpula **(11)**. Com um cortador redondo pequeno, corte semicírculos uniformes da tira de pasta americana para criar uma borda ondulada **(12)**.

Pincele a base da cúpula com o álcool potável incolor **(13)**. Envolva com a tira de pasta americana, deixando as pontas da decoração ondulada viradas para cima **(14)**.

Misture o glacê real com corante comestível marrom até obter uma cor escura de chocolate com consistência de picos macios (veja nas páginas 182-183). Preencha um saco para confeitar de papel com o glacê, corte um orifício na ponta do saco e confeite curvas seguindo a borda da pasta americana cor-de-rosa **(15)**. Confeite três laços nos pontos mais altos e um ponto logo abaixo **(16)**. Embora não seja essencial, é melhor fazer essa decoração com um suporte giratório.

Para finalizar, confeite pontos pequenos no centro de cada flor cor-de-rosa. Com uma quantidade bem pequena de glacê, fixe um grupo de três flores na cúpula.

Para o bolo verde, misture o glacê real com corante comestível cor-de-rosa para obter uma coloração mais clara e consistência de picos macios (veja nas páginas 182-183). Preencha um saco para confeitar de papel com o glacê, corte um orifício na ponta e confeite curvas duplas uniformemente ao redor da base da cúpula e finalize com um ponto em que elas se unem.

Por último, com uma quantidade bem pequena de glacê real, fixe algumas rosas-mosquetas aleatoriamente na cúpula.

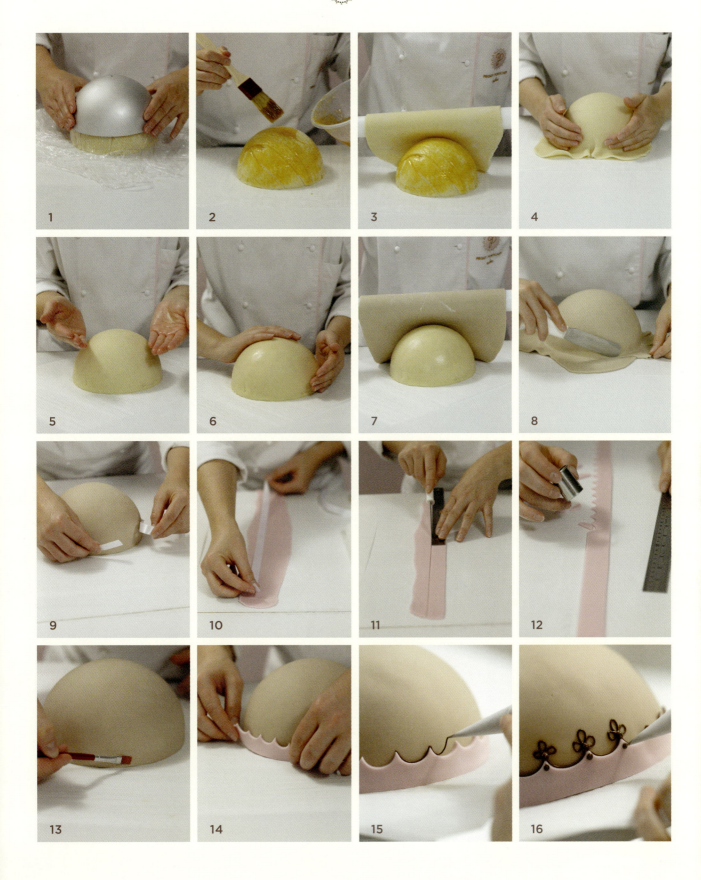

MINIBOLOS *KUGELHOPF* DE GEMADA

ESSES BOLINHOS SÃO BASEADOS EM UMA RECEITA TRADICIONAL DA BAVÁRIA E VÃO MUITO BEM COM UM CAFÉ DA TARDE. A PALAVRA "KUGEL" SIGNIFICA CÚPULA EM ALEMÃO, E SE REFERE À FORMA NA QUAL ESSES BOLOS SÃO TRADICIONALMENTE ASSADOS.

Rende 12 kugelhopfs individuais.

ingredientes

Uma pequena quantidade de manteiga sem sal, amolecida para untar as formas dos bolos
6 ovos médios
265 g de açúcar de confeiteiro, peneirado
Sementes de 1 fava de baunilha
300 ml de óleo vegetal
300 ml de gemada
150 g de farinha de trigo, peneirada, e mais um pouco para polvilhar
150 g de amido de milho, peneirado
12 g de fermento químico
Uma pitada de sal
160 ml de Advocaat (licor à base de gemas), e mais um pouco para a hora de servir (opcional)
160 ml de rum
Açúcar de confeiteiro para polvilhar

material

Duas assadeiras para *kugelhopfs*, cada uma com 6 moldes com aproximadamente 10 cm de diâmetro

Preaqueça o forno a 200 °C. Unte o interior dos moldes para *kugelhopfs* com a manteiga amolecida e polvilhe com farinha de trigo.

Coloque os ovos, o açúcar de confeiteiro e as sementes de baunilha na tigela de uma batedeira e bata até que fique claro e aerado. Acrescente o óleo vegetal e a gemada e misture até que esteja uniforme.

Peneire a farinha, o amido de milho e o fermento juntos e, com cuidado, incorpore na mistura de ovos.

Distribua a massa igualmente entre os moldes para kugelhopf, preenchendo apenas dois terços do volume de cada um. Se for difícil de medir visualmente, utilize uma balança de cozinha para pesar a quantidade adequada para cada molde.

Coloque as assadeiras no forno e abaixe a temperatura para 180 °C. Asse por 15 minutos, vire as assadeiras para o outro lado e asse por mais 10-15 minutos. A massa estará pronta quando as bordas estiverem começando a encolher e a superfície estiver dourada. Se você pressionar a superfície levemente com o dedo, ela deve retornar à forma inicial. Se ainda houver dúvidas, insira uma faca limpa ou palito no centro de cada bolo; deverá sair limpo. Depois de assados, deixe os bolos descansarem fora do forno por alguns minutos antes de tirá-los dos moldes.

Misture o rum com o Advocaat e, utilizando um pincel para massas, molhe a parte superior dos bolos com essa mistura enquanto ainda estiverem quentes. Deixe que esfriem completamente sobre uma grade.

Sirva em temperatura ambiente. Polvilhe a superfície dos bolos com açúcar de confeiteiro antes de servir. Se quiser, sirva com um pouco do Advocaat extra por cima.

BOLO *BATTENBERG* DE CHOCOLATE

ESTE É UM BOLO TRADICIONAL COM UM TOQUE CONTEMPORÂNEO. OS QUADRADOS CLAROS E ESCUROS ME FAZEM LEMBRAR DE PEQUENOS TABULEIROS DE XADREZ, E O SABOR É DELICIOSO!

Rende 3 bolos retangulares com aproximadamente 20 cm de comprimento. Cada um serve 8 fatias.

ingredientes

250 g de manteiga sem sal, amolecida
250 g de açúcar refinado
Sementes de 1 fava de baunilha
235 g de farinha de trigo com fermento
100 g de amêndoas moídas
45 g de chocolate em pó
6 ovos médios
1 colher de sopa cheia de geleia
de damasco, peneirada
750 g de marzipã
Corante comestível marrom em pasta
Açúcar de confeiteiro para polvilhar

material

Duas formas quadradas para bolo com 20 cm
Um par de alisadores para bolo
Pinça marcadora para o marzipã

Asse os bolos um dia antes de montar e servir.

Preaqueça o forno a 180 °C. Forre as formas de bolo com papel-manteiga. Para instruções detalhadas sobre como fazer isso, veja na página 87.

Para fazer a massa
Coloque a manteiga, o açúcar refinado e as sementes de baunilha em uma tigela e bata até que fique claro e aerado.

Bata os ovos levemente em um jarro e derrame aos poucos sobre a mistura de manteiga, batendo em velocidade alta para incorporar.

Divida a massa em duas partes iguais. Peneire 140 g de farinha e 50 g de amêndoas e misture à primeira metade da massa. Em seguida, peneire 95 g de farinha, 50 g de amêndoas e o chocolate em pó, e incorpore na segunda metade. Derrame cada massa em uma forma forrada separada.

Asse por 25-30 minutos, dependendo do seu forno. A massa estará pronta quando as bordas estiverem começando a encolher e, ao pressionar a superfície levemente com o dedo, ela retorne à forma inicial. Se ainda houver dúvidas, insira uma faca limpa ou palito no centro de cada bolo; deverá sair limpo. Deixe esfriar fora do forno por 30 minutos. Quando estiverem mornos, retire os bolos das assadeiras. Deixe esfriarem por completo sobre uma grade.

Quando estiverem frios, embale-os em filme plástico e deixe que descansem de um dia para o outro em temperatura ambiente. Isso fará com que toda a umidade fique presa e as massas fiquem na textura ideal para serem aparadas e empilhadas. Se for aparada pouco depois de assar, a massa tende a ficar quebradiça e pode até mesmo desmanchar.

Para montar o bolo
Nivele a parte superior dos bolos com uma faca de serra para que fiquem com aproximadamente 2,5 cm de altura. Apare as pontas e corte cada massa em três tiras uniformes de aproximadamente 5 cm de largura, para que você tenha três pedaços de massa branca e três de massa marrom do mesmo tamanho. Para cada bolo Battenberg, você precisará de uma pedaço de massa branca e um de massa marrom.

Aqueça levemente a geleia de damasco e pincele uma camada fina sobre um dos pedaços de massa escura **(1)**. Coloque um pedaço de massa clara por cima e então corte ao meio no sentido do comprimento e deite-as de lado **(2)**. Pincele outra camada fina de geleia sobre uma metade de fatia e então coloque a outra metade por cima, com as cores em lados opostos, para criar um padrão xadrez quando visto de frente. Repita o processo para os outros pedaços de massa ou congele-os para utilizar em outra ocasião.

O EFEITO QUADRICULADO DO BOLO É CRIADO EMPILHANDO DUAS CORES DE MASSA. A COBERTURA SIMPLES DE MARZIPÃ GANHA UM VISUAL MELHOR SE FOR UTILIZADA UMA PINÇA DE DECORAÇÃO.

Misture o marzipã com o corante comestível marrom para que fique com uma coloração marrom clara. Abra-o sobre uma superfície polvilhada com açúcar de confeiteiro até que fique com 3-4 mm de espessura. Precisa ficar grande o bastante para que você possa cortar um quadrado com 20 cm em cada lado. Com uma faca de cozinha e uma régua, corte um quadrado com 20 cm de lado (3). Vire-o sobre uma superfície limpa ou então sobre uma folha de papel-manteiga (4). Espalhe uma camada fina de geleia sobre a folha de marzipã (5). Coloque o bolo quadriculado por cima, porém, um pouco mais perto de um dos lados. Se for necessário, apare a folha de marzipã para que fique com o mesmo comprimento do bolo (6). Prestando atenção para que as pontas se encontrem em um dos cantos, enrole com cuidado o bolo na folha de marzipã (7). Apare o excesso. Pressione a junção cuidadosamente com seus dedos.

Acerte os lados para que fiquem quadrados, utilizando um par de alisadores de bolo (8). Para dar um toque mais detalhado, marque o marzipã com uma pinça marcadora (9).

CHEESECAKES DE FRUTAS SILVESTRES EM TRÊS CAMADAS

ESSES PEQUENOS *CHEESECAKES* FORMIDÁVEIS SÃO MUITO FÁCEIS DE FAZER E DELICIOSOS. POSSUEM UMA TEXTURA LEVE, PROPORCIONADA PELAS CAMADAS DE MORANGO, FRAMBOESA E MIRTILOS.

Rende 16 *cheesecakes* individuais.

ingredientes

Para a base de biscoitos
100 g de manteiga derretida
2 colheres de sopa de mel líquido
200 g de biscoitos triturados
1 colher de chá de canela em pó

Para o *cheesecake*
6 folhas de gelatina
100 ml de purê de mirtilos (*blueberry*)
100 ml de purê de framboesas
100 ml de purê de morangos
(se você não conseguir encontrar as frutas em purê, faça seu próprio batendo-as no liquidificador e passando por uma peneira fina)
620 g de *cream cheese* (não *light*)
185 g de açúcar refinado
210 g de creme de leite fresco
640 ml de creme de leite mais grosso

material

Dezesseis anéis para sobremesas ou moldes para mousse redondos com 5 cm de diâmetro
Tiras de acetato com 5 cm de altura
Três sacos para confeitar descartáveis

Cubra as laterais dos anéis ou moldes com as tiras de acetato

Para fazer a base de biscoitos
Derreta a manteiga com o mel em uma panela. Acrescente os biscoitos triturados e a canela e misture bem. Pressione uma colher de sopa cheia dessa massa no fundo de cada molde, mantendo os lados o mais limpo que for possível.

Para fazer o *cheesecake*
Coloque as folhas de gelatina em uma tigela e deixe-as de molho em água fria. Com cuidado, esquente cada purê de fruta separadamente, esprema as folhas de gelatina para tirar o excesso de água e dissolva duas folhas em cada um dos purês aquecidos. Reserve e deixe esfriar.

Coloque o *cream cheese* e o açúcar refinado em uma tigela e misture bem. Em seguida, acrescente o creme de leite fresco. Bata até que forme picos macios. Tome cuidado para não bater demais.

Divida a mistura de *cream cheese* em três partes iguais. Assim que os purês de fruta estiverem em temperatura ambiente, misture cada um separadamente com um terço da mistura de *cream cheese* com um batedor de arame. A partir desse ponto, você precisa trabalhar rapidamente, pois a gelatina pode endurecer.

Divida o creme de leite grosso em três partes iguais e incorpore, com cuidado, uma parte em cada uma das misturas de *cream cheese*, até que esteja bem misturado.

Começando com o morango, seguido pela framboesa, e então, o mirtilo, forme três camadas nos moldes. Eu acho mais fácil fazer camadas uniformes com o auxílio de sacos para confeitar, mas se você não os tiver, pode utilizar uma colher.

Se for utilizar sacos para confeitar, preencha um saco com cada mistura. Faça um corte a aproximadamente 2,5 cm da ponta de cada um e forme uma camada a partir da base de biscoitos até mais ou menos a metade da altura das laterais. Repita o processo para as outras duas misturas até chegar ao topo.

Nivele a superfície com uma espátula ou com as costas de uma colher. Refrigere por pelo menos 4 horas ou até que esteja firme.

Você pode fazer esses *cheesecakes* com até 3 dias de antecedência, se depois armazená-los no refrigerador. Retire os moldes e o acetato pouco antes de servir.

BOLO DE BANANA COM COBERTURA DE BANANA

PARA QUE O SABOR SEJA MAIS INTENSO, UTILIZE BANANAS QUE ESTEJAM MUITO MADURAS E DEGUSTE O BOLO UM DIA DEPOIS DE ASSADO.

Rende um bolo tipo inglês grande que serve 8-12 fatias.

ingredientes

100 g de manteiga, amolecida, e mais um pouco para untar
200 g de açúcar mascavo claro
1 colher de chá de canela em pó
2 ovos médios
300 g de bananas muito maduras
180 g de farinha de trigo
1 colher de chá de bicarbonato de sódio
60 g de chocolate simples (com pelo menos 53% de cacau), picado ou em gotas
80 g de nozes, torradas e picadas grosseiramente
Para a cobertura de banana
Veja na página 56

material

Uma forma de bolo inglês com dimensões 23 cm x 13 cm

Preaqueça o forno a 175 °C.

Unte a forma com manteiga.

Para fazer o bolo
Coloque a manteiga, o açúcar mascavo claro e a canela em uma tigela e bata até que fique claro e aerado.

Bata os ovos levemente e acrescente-os aos poucos à mistura de manteiga, sem parar de bater em alta velocidade, até que estejam completamente incorporados.

Esmague as bananas e acrescente à massa, seguidas pelo chocolate e as nozes.

Peneire a farinha e o bicarbonato de sódio juntos e acrescente à massa em velocidade baixa, até que esteja bem misturado. Derrame a massa na forma untada.

Asse por 35-40 minutos, dependendo do seu forno. A massa estará pronta quando, ao pressionar a superfície levemente com o dedo, o bolo retornar à forma inicial. Se ainda houver dúvidas, insira uma faca limpa ou palito no centro do bolo; deverá sair limpo.

Deixe esfriar fora do forno por alguns minutos antes de tirar da forma. Deixe esfriar completamente sobre uma grade.

Para fazer a cobertura
Faça a cobertura de banana seguindo as instruções na página 58.

Depois que o bolo esfriar, cubra a parte superior do mesmo com a cobertura, utilizando uma espátula. Resfrie por 30 minutos para que a cobertura fique firme.

Sirva em temperatura ambiente.

BOLO LUXUOSO DE FRUTAS

ESSE BOLO LEVE E ÚMIDO, DE SABOR FRUTADO, TEM TAMBÉM UMA CERTA TEXTURA CROCANTE POR CAUSA DOS FIGOS SECOS. COM A INTENÇÃO DE CRIAR UM BOLO DE NATAL CONTEMPORÂNEO COM UM AR DE ABUNDÂNCIA, BUSQUEI INSPIRAÇÃO NO MUNDO DO DESIGN DE INTERIORES E UTILIZEI ESTÊNCIS COM PADRÕES DE DAMASCO, OVAIS E VEADOS COM BRILHO DOURADO. UTILIZAR UM ESTÊNCIL COM GLACÊ REAL SOA MAIS ASSUSTADOR DO QUE REALMENTE É. EU SUGIRO TESTAR EM UMA FOLHA DE PAPEL, PARA PEGAR O JEITO DA TÉCNICA ANTES DE DECORAR O BOLO.

Rende um bolo oval com dimensões de 15 cm x 20 cm que serve 20 fatias da espessura de um dedo.

ingredientes

Para a mistura de frutas
150 g de passas escuras sem sementes
65 g de *cranberries* secos, cortados na metade
230 g de passas claras sem sementes, picadas grosseiramente
120 g de cerejas em calda inteiras
80 g de figos secos, picados
25 g de amarenas
60 ml de *whisky*
50 g de xarope de milho
Raspas finas da casca de um limão-siciliano

Para a mistura do bolo
120 g de ovos (aproximadamente 2 ovos pequenos)
90 g de açúcar mascavo escuro
115 g de manteiga sem sal, amolecida
25 g de amêndoas moídas
90 g de farinha de trigo
¼ colher de chá de canela em pó
Uma pitada de cravo em pó
Uma pitada de noz moscada em pó
Uma pitada de sal
30 ml de *whisky* para molhar

Para a decoração
1 colher de sopa de geleia de damasco, peneirada
600 g de marzipã
800 g de pasta americana de cor marfim
250 g de pasta americana branca
Uma pequena quantidade de gordura vegetal branca
Corante comestível em pasta nas cores marfim e marrom
Uma pequena quantidade de pó dourado comestível
Uma pequena quantidade de chocolate em pó (para o veado marrom apenas)

Aproximadamente 150 g de glacê real
Uma pequena quantidade de álcool potável incolor, como vodca ou aguardente de frutas
Uma pequena quantidade de geleia de brilho
Açúcar de confeiteiro para polvilhar

material

Base de cartolina para bolo oval com dimensões de 15 cm x 20 cm
Base oval para bolos com dimensões de 20 cm x 25 cm
1,5 m de fita de cetim com 15 mm de largura para cobrir a base do bolo e a base para bolos
Um pedaço pequeno de fita dupla-face
Forma oval para bolo com dimensões de 15 cm x 20 cm
Papel pardo e barbante para isolar a forma do bolo
Um par de espaçadores para marzipã
Um par de alisadores de bolo
Um saco para confeitar de papel
Estêncil com padrão tipo damasco
Cortador oval com dimensões de 15 cm x 20 cm
Molde de veado de silicone (eu uso um da marca *First Impressions*)
Pincel macio grande para pó
Pincel fino de pintura

Faça esse bolo com pelo menos 3-4 dias de antecedência e armazene embrulhado com uma camada de papel-manteiga e outra de papel alumínio para preservar a umidade e o sabor. Você pode fazê-lo com semanas, até meses de antecedência, se guardá-lo em um local fresco e seco. Para que fique ainda mais úmido e com sabor mais alcóolico, molhe o bolo semanalmente com *whisky* ou diversas vezes antes de cobrir com a decoração.

Para fazer a mistura de frutas
Coloque todos os ingredientes da mistura de frutas em uma tigela grande, misture bem e cubra com filme plástico. Deixe de um dia para o outro em temperatura ambiente, para que os sabores se misturem.

Preaqueça o forno a 140 °C. Forre a forma oval ou redonda funda de 15 cm com uma camada dupla de papel-manteiga e envolva a forma com papel pardo, amarrando com um barbante para que fique no lugar.

Para fazer a mistura do bolo
Coloque os ovos e o açúcar em uma tigela média e bata até que esteja bem misturado.

Em outra tigela, bata a manteiga com as amêndoas moídas até que fique cremoso, mas não muito aerado. Acrescente a mistura de ovos aos poucos até obter uma emulsão uniforme. Se começar a se separar ou empelotar, acrescente uma colher de sopa de farinha. Isso dará liga à massa.

Peneire o restante dos ingredientes juntos e incorpore-os na massa em duas levas, até que fique bem homogêneo.

Acrescente a mistura de frutas à massa e misture com uma espátula ou com as mãos cobertas por luvas, até que esteja uniforme.

Transfira a massa para a forma de bolo preparada. Nivele a superfície com as costas de uma colher. Antes de assar, bata a forma cheia na sua bancada para eliminar possíveis bolhas de ar. Isso também ajuda a evitar que a superfície do bolo se quebre.

Asse na grade inferior por 2-3 horas, dependendo do seu forno. Para evitar que o bolo doure demais, coloque uma assadeira vazia na grade acima. Ele estará cozido quando a superfície estiver dourada. Se houver dúvida, insira uma faca limpa ou palito de madeira no centro do bolo; deve sair limpo.

Deixe esfriar fora do forno por 10 minutos. Enquanto ainda estiver quente, molhe a superfície com *whisky*. Deixe o bolo esfriar completamente sobre uma grade antes de embrulhá-lo em papel-manteiga e papel alumínio.

Para decorar a base e o bolo
Desembale o bolo e coloque-o de cabeça para baixo sobre a base menor. Aqueça levemente a geleia de damasco e utilize-a para que o bolo fique aderido à base. Se houver algum espaço entre o bolo e a base, preencha com marzipã. Coloque a base sobre uma folha de papel-manteiga. Pincele uma camada fina de geleia sobre as laterais e a parte superior do bolo.

Abra o marzipã sobre uma superfície polvilhada com açúcar de confeiteiro até que fique com 5 mm de espessura, utilizando os espaçadores. Precisa ficar grande o bastante para cobrir o bolo. Com um rolo de massa, levante a folha de marzipã e coloque-a sobre o bolo. Acerte achatando a parte superior e os lados com suas mãos. Apare o excesso com uma faca de cozinha. Alise as laterais e a parte superior do bolo com os alisadores, até que esteja uniforme.

Pincele o marzipã com um pouco de álcool potável incolor para criar uma superfície adesiva. Abra a pasta americana de cor marfim e coloque-a sobre o marzipã da mesma forma. Apare o excesso como antes, guardando as aparas para cobrir a base para bolo. Deixe descansar de um dia para o outro.

Enquanto isso, pincele a base maior com o álcool potável incolor. Abra o restante da pasta americana de cor marfim até que fique com 3 mm de espessura e cubra a base. Pressione com os alisadores de bolo e apare os excessos, deixando um pouco de sobra ao redor das bordas, e guarde as aparas para fazer a placa oval.

Segure a base coberta com uma mão e, com a outra, pressione as sobras de pasta americana na borda da base com o alisador até que caiam, formando uma borda chanfrada. Utilize uma faca de cozinha de ponta arredondada para aparar algum possível excesso de pasta americana nas laterais da base. Deixe descansar de um dia para o outro.

No dia seguinte, espalhe uma camada fina de glacê real no centro da base coberta e

coloque o bolo por cima. Preste atenção para que não fique nenhuma parte do glacê à mostra saindo por baixo do bolo. Deixe secar por pelo menos 30 minutos.

Para decorar as laterais do bolo

Para fazer a decoração do bolo maior, você precisará de dois sacos para confeitar de papel (veja na página 184) preenchidos com glacê real de picos macios (ver na página 183), um de cor marrom e outro de cor marfim. Para fazer a decoração do bolo menor, você precisará apenas do glacê de cor marfim.

Para o padrão de damasco, misture o restante do glacê real com glacê marrom de picos macios **(1-3)**. Para fazer as curvas confeitadas, misture com o de cor marfim. Segure o estêncil firmemente na lateral do bolo **(4)**. Se for possível, peça para alguém segurar o estêncil para você enquanto espalha o glacê por cima **(5)**. Quando o desenho estiver completamente coberto **(6)**, levante o estêncil com cuidado **(7)**. Preste atenção para não manchar a pasta americana branca com o glacê. Deixe secar. Limpe sempre o estêncil, antes de fazer outra decoração no bolo.

Para o padrão marrom tipo damasco, contorne os detalhes com o glacê marfim de picos macios **(8)**. Para as curvas em marfim, não são necessários contornos. Depois que estiver seco, misture o pó dourado com uma gota de álcool e geleia de brilho para fazer uma tinta dourada espessa **(9)**. Utilize-a para pintar, com um pincel fino, os contornos do padrão tipo damasco, ou para as curvas em marfim **(10)**.

Para fazer a placa oval

Misture 75 g de pasta americana de cor marfim com 75 g de pasta americana branca. Se ficar grudento, misture um pouco de gordura vegetal branca. Para o bolo grande, tinja a pasta com corante comestível de cor marfim. Para o bolo pequeno, tinja com corante marrom.

Abra a pasta americana sobre uma superfície levemente polvilhada com açúcar de confeiteiro até que fique com 2 mm de espessura. Com um cortador oval, corte a pasta e coloque sobre uma folha de papel--manteiga. Para o bolo maior, polvilhe a placa de cor marfim generosamente com o pó dourado comestível. Preste atenção para que os lados também sejam cobertos, assim como a parte superior.

Pincele o centro do bolo com uma camada fina de álcool potável incolor. Coloque a placa oval no centro da parte superior do bolo.

Para fazer o veado

Para fazer o veado marrom, misture o restante da pasta americana branca com um pouco de gordura vegetal e corante comestível marrom. Para o veado dourado, misture a pasta americana branca com corante comestível de cor marfim. Para o veado marrom, pincele o interior da forma de silicone de veado com uma camada generosa de chocolate em pó. Para o veado dourado, pincele com pó dourado comestível **(11)**. Verifique se todos os espaços estão bem cobertos.

Pressione a pasta dentro do molde; utilize pedaços separados para as partes menores e mais delicadas **(12)**. Aperte bem a superfície da massa, até que fique uniforme e todas as partes estejam unidas. Apare o excesso de pasta até que a superfície esteja perfeitamente nivelada **(13-14)**.

Para retirar o veado, dobre o molde de dentro para fora até que ele se solte **(15)**. Deixe secar um pouco. Quando o veado estiver com uma aparência mais seca, transfira-o com cuidado para a placa sobre o bolo, fixando-o com cola comestível.

Para confeitar uma moldura ao redor da placa

Com um saco para confeitar de papel preenchido com glacê de picos macios, confeite uma borda de ornamentos simples em "C" ao redor da placa. Desenhe pequenos pontos e gotas entre cada ornamento para criar um visual mais bonito. Para sentir a escala e continuidade do ornamento que vai fazer, pratique sobre uma folha de papel primeiro, antes de confeitar diretamente sobre o bolo **(16)**.

Se estiver utilizando o glacê de cor marfim, pinte os ornamentos com o pó dourado comestível depois que estiverem secos.

Finalize o bolo com uma fita de cetim ou uma série de pontos confeitados ao redor da base.

BOLOS CLÁSSICOS

BEBIDAS SABOROSAS

LIMONADA COR-DE-ROSA

NOSSA LIMONADA COR-DE-ROSA É UM DOS PRODUTOS MAIS FAMOSOS NO SALÃO E CAI MUITO BEM COM UM *CUPCAKE* SABOROSO. O SUCO DE *CRANBERRY* É O QUE DÁ ESSA COLORAÇÃO ROSADA BONITA. VOCÊ PODE CRIAR OUTRAS VARIAÇÕES, COMO SUCO DE KIWI, PARA UMA COLORAÇÃO VERDE-CLARO.

Rende aproximadamente 4 copos.

ingredientes

100 ml de suco de limão-siciliano recém-espremido
100 g de açúcar refinado
500 ml de água
60 ml de suco de *cranberry* ou framboesa
Cubos de gelo e rodelas de limão, para quando for servir

material

Espremedor manual ou elétrico
Panela
Jarra de vidro ou bule de chá
Copos longos

Coloque o suco de limão, o açúcar e a água em uma panela e leve à fervura. Cozinhe em fogo baixo até que os cristais de açúcar estejam dissolvidos, e então tire do fogo e deixe esfriar.

Quando estiver frio, acrescente o suco de *cranberry* ou framboesa.

Sirva gelado em copos altos com muito gelo e rodelas frescas de limão-siciliano.

MINTEANI

ESSE É UM COQUETEL LEVE E REFRESCANTE À BASE DE CHÁ DE HORTELÃ. É PERFEITO PARA FESTAS EM DIAS QUENTES. SIRVA EM XÍCARAS DE CHÁ EM ESTILO ANTIGO PARA UM AR SOFISTICADO, MAS DESCOLADO.

Rende aproximadamente 4 xícaras.

ingredientes

Uma mão cheia de folhas frescas de hortelã
1 colher de chá de qualquer chá de menta ou
hortelã de boa qualidade
150 ml de água
150 ml de suco de limão-siciliano recém-espremido
150 g de açúcar refinado
50 ml de vodca
Um pouquinho de *Crème de Menthe*
(licor de menta)
Um pouquinho de suco de limão comum
recém-espremido
Cubos de gelo

material

Espremedor manual ou elétrico
Panela
Jarra de vidro ou bule de chá
(com infusor, se for utilizar chá em folhas soltas)
Xícaras de chá em estilo antigo

Separe as folhas de hortelã em melhor estado e coloque-as em água gelada para que se mantenham frescas.

Coloque o restante das folhas junto com o chá em uma jarra ou bule.

Ferva a água e derrame sobre as folhas com o chá. Mantenha em infusão por 3 minutos, e então deixe esfriar.

Coloque o suco de limão-siciliano e o açúcar em uma tigela e leve à fervura. Cozinhe em fogo baixo até que os cristais de açúcar tenham se dissolvido. Depois, tire do fogo e espere esfriar.

Quando os líquidos estiverem frios, misture-os e acrescente a vodca, o licor de menta o suco de limão comum. Resfrie.

Sirva gelado nas xícaras de chá, com gelo e decoradas com as folhas bonitas de hortelã.

BEBIDAS SABOROSAS

CHÁ GELADO DE FRUTAS VERMELHAS

ESSA BEBIDA REFRESCANTE É PERFEITA PARA UM DIA QUENTE DE VERÃO.

Rende aproximadamente 4 copos.

ingredientes

400 ml de água
4 colheres de chá de qualquer chá de frutas vermelhas
de boa qualidade
Suco de 1 limão-siciliano
Suco de 1 laranja
50 g de açúcar refinado
Cubos de gelo e frutas vermelhas frescas variadas,
para quando for servir

material

Espremedor manual ou elétrico
Jarra ou bule de chá
(com infusor, se for utilizar chá em folhas soltas)
Copos curtos

Coloque o chá de frutas vermelhas em uma jarra ou bule.

Ferva a água e derrame sobre o chá. Mantenha em infusão por 3-5 minutos. Espere esfriar.

Coloque os sucos de limão e laranja em uma panela com o açúcar e leve à fervura. Deixe cozinhar em fogo baixo até que todos os cristais de açúcar estejam dissolvidos, então retire do fogo e deixe esfriar.

Quando os líquidos estiverem frios, misture-os. Resfrie.

Sirva gelado em copos curtos, com gelo e algumas frutas vermelhas.

CHOCOLATE QUENTE BRANCO COM BAUNILHA

UMA BEBIDA PARA AQUELES QUE REALMENTE GOSTAM DE DOCES SE AQUECEREM NO INVERNO. SIRVA COM BISCOITOS DE ESPECIARIAS OU SOZINHO.

Rende aproximadamente 4 copos.

ingredientes

150 ml de creme de leite
300 ml de leite
Uma pitada de noz moscada em pó
Sementes de ½ fava de baunilha
150 g de chocolate branco

material

Panela
Copos altos com alça

Em uma panela, coloque o creme, o leite, a noz moscada e as sementes de baunilha (você também pode acrescentar a fava, mas remova-a quando for juntar o creme ao chocolate) e aqueça até um pouco antes de ferver.

Coloque o chocolate em uma tigela e derrame a mistura quente por cima. Bata até que o chocolate tenha derretido.

Sirva quente em copos altos com alça.

CHOCOLATE QUENTE CASEIRO

UM DELEITE PARA OS CHOCÓLATRAS! UTILIZAR CHOCOLATE EM PEDAÇOS AO INVÉS DE EM PÓ
FAZ TODA A DIFERENÇA. ESSA É UMA RECEITA DELICIOSA, QUE
LHE TRARÁ UMA DOSE INSTANTÂNEA DE FELICIDADE.

Rende aproximadamente 2 canecas ou 3-4 xícaras de chá.

ingredientes

125 ml de creme de leite
300 ml de leite
Sementes de ½ fava de baunilha
125 g de chocolate simples
(com pelo menos 53% de cacau),
picado ou em gotas
2 colheres de chá de chocolate em pó, e mais um
pouco para polvilhar (opcional)

material

Panela
Xícaras
Estêncil (opcional)

Em uma panela, coloque o creme de leite, o leite
e as sementes de baunilha (você também pode
acrescentar a fava, mas remova-a quando for
juntar o creme ao chocolate) e aqueça até um
pouco antes de ferver.

Em uma tigela, coloque o chocolate e peneire o
chocolate em pó. Derrame a mistura quente por
cima e bata até que o chocolate tenha derretido.

Volte à panela e aqueça por mais alguns
minutos, sem parar de mexer. Não deixe ferver,
pois o chocolate pode queimar e se tornar
amargo. Prove para garantir que o chocolate em
pó esteja completamente dissolvido. Passe por
uma peneira.

Sirva ainda quente em xícaras de chá.

Para criar um padrão bonito, coloque um
estêncil pequeno sobre a borda da xícara e
polvilhe com chocolate em pó.

SMOOTHIE DE BANANA COM AMENDOIM

ESSA BEBIDA DELICIOSA E ENERGÉTICA PODE SER APRECIADA POR PESSOAS DE TODAS AS IDADES, E É UMA ÓTIMA MANEIRA DE APROVEITAR BANANAS QUE ESTEJAM MADURAS DEMAIS. ADORO BEBER DE MANHÃ, POIS SERVE COMO UM DESJEJUM SAUDÁVEL E RÁPIDO.

Rende aproximadamente 2 copos.

ingredientes

2 bananas muito maduras
350 ml de leite gelado
1 colher de sopa de manteiga de amendoim
1-2 colheres de chá de mel (dependendo de quão
maduras estiverem as bananas)

material

Liquidificador ou *mixer* e uma jarra
Copos altos
Canudos

Coloque todos os ingredientes na jarra e bata com um *mixer* (ou use um liquidificador), até que fique uniforme e espumoso.

Sirva imediatamente em copos altos.

VINHO QUENTE

VINHO QUENTE É UMA DAS MINHAS RECEITAS DE NATAL FAVORITAS, E ME FAZ LEMBRAR DAS HORAS MARAVILHOSAS QUE JÁ PASSEI EM FEIRAS DE NATAL ALEMÃS PERTO DA MINHA CASA, COBERTA ATÉ OS JOELHOS COM NEVE. VINHO QUENTE, OU *GLÜHWEIN*, COMO EU O CHAMO, FICA DELICIOSO COM BISCOITOS TRADICIONAIS DE NATAL, COMO AS ESTRELAS DE VINHO QUENTE (VER NAS PÁGINAS 52-53) OU COM BISCOITOS DE GENGIBRE (VER NAS PÁGINAS 50-51). PARA DAR UM TOQUE MAIS FESTIVO, EU SIRVO O VINHO QUENTE EM TAÇAS DE VINHO COM FORMA DE XÍCARA DE CHÁ.

Rende aproximadamente 4 xícaras.

ingredientes

1 laranja, e mais algumas fatias para
quando for servir
500 ml de vinho tinto
50 ml de aguardente de gengibre
ou licor de gengibre
100 ml de água
35 g de açúcar refinado
1 colher de chá de cravos, esmagados
2 paus de canela, quebrados, e mais alguns
para quando for servir
½ colher de chá de noz moscada em pó
1 anis estrelado, quebrado, mais alguns para
quando for servir

material

Descascador de batatas
Panela
Peneira fina ou filtro de papel
Taças de vinho com formato de xícara de
chá, ou qualquer outro tipo de taça bonita
resistente ao calor, ou xícaras

Descasque a laranja e corte-a ao meio.

Coloque a casca da laranja, as metades da laranja e todos os outros ingredientes em uma panela. Aqueça cuidadosamente por 20 minutos, sem deixar ferver.

Remova a panela do fogo, cubra com filme plástico ou uma tampa e deixe em infusão por pelo menos 30 minutos.

Depois de feita a infusão, coe com uma peneira fina para remover a casca e os temperos.

Sirva quente nas taças em forma de xícara.

BEBIDAS SABOROSAS

A CEREJA
EM CIMA DO BOLO

Neste capítulo demonstrarei as técnicas de decoração e outros toques finais utilizados para montar e ornamentar os bolos e outras receitas deste livro. Ele se chama "A cereja em cima do bolo" porque todas as técnicas e receitas aqui contidas darão aquele toque de *finesse* aos seus doces. Este capítulo é uma fonte muito útil de dicas fáceis de seguir, como fazer flores simples de açúcar, cobrir bolos e *cupcakes* e fazer glacê real para decorações. Como as quantidades variam em cada receita, aqui estão algumas proporções básicas e explicações para os ingredientes mais essenciais que serão utilizados:

Pasta americana macia para modelar Sozinha, a pasta americana é macia demais para moldar e se rasga durante o processo, então, eu a misturo com goma adragante, que é uma goma natural, sem sabor e solúvel em água, que é utilizada como um agente espessante ou endurecedor. A proporção é de 1 colher de chá de goma adragante para 300 g de pasta americana, dependendo da dureza necessária. Ela tende a deixar a pasta americana um pouco seca, então, acrescente um pouquinho de gordura vegetal branca para deixar a massa macia e flexível novamente. Depois de misturada, a pasta americana precisa descansar por aproximadamente 30 minutos para firmar. Como a pasta americana fica ressecada rapidamente quando exposta ao ar, ela deve ser embrulhada em filme plástico ou colocada em um saco plástico.

Cola comestível Você pode comprar cola comestível pronta, mas costumo fazer eu mesma misturando 1 colher de chá de goma adragante com 150 ml de água. Você também pode utilizar CMC no lugar da goma adragante. Inicialmente, a mistura ficará um pouco empelotada, mas quando for mexida de vez em quando, o pó inchará aos poucos e se combinará com a água, formando um gel espesso e uniforme. Se ficar firme demais, apenas acrescente um pouco mais de água. A consistência deve ser um pouco mais macia do que gel para cabelo. Eu uso cola comestível para grudar pedaços de pasta americana.

Glacê real Você pode comprar glacê real já pronto, que é feito de açúcar de confeiteiro misturado com claras em pó e você só precisa acrescentar água. Essas misturas funcionam muito bem, mas custam mais caro. Eu faço o meu glacê real com açúcar de confeiteiro de cana peneirado, que é mais fino do que o açúcar de confeiteiro de beterraba (N. do T: na Europa, assim como em alguns outros lugares do mundo, é comum utilizar açúcar derivado de beterrabas). A proporção de açúcar de confeiteiro para claras líquidas (sejam elas frescas, pasteurizadas ou em pó misturadas com água) é 6:1. Logo, para 3 kg de açúcar de confeiteiro, você precisará de 500 ml de líquido. Essa proporção é uma boa guia para uma receita geral, que você pode ajustar para mais ou para menos, conforme necessário. Ao preparar o glacê real é crucial que seu equipamento esteja limpo e sem traços de gordura, caso contrário o glacê não ficará firme. Da mesma forma, tome muito cuidado para que não haja traços de gema nas suas claras quando for separar os ovos.

kit básico de confeitaria

Batedeira elétrica de base fixa com batedor de arame e batedor tipo folha, por exemplo das marcas *Kitchen Aid* ou *Kenwood*

Processador de alimentos ou *mixer*

Tigelas de diferentes tamanhos

Jarra graduada

Espátula de silicone

Pincel para massas com fios naturais ou sintéticos (pincéis de silicone não seguram líquido o bastante)

Assadeiras variadas

Rolo antiaderente grande para massas

Um par de espaçadores para marzipã

Peneira fina para peneirar e polvilhar farinha e açúcar de confeiteiro

Duas espátulas para confeitar, uma pequena e uma grande

Tesoura afiada

Cortador de bolo ou faca de serra grande

Faca de cozinha pequena com lâmina lisa

Grade para esfriar

Panela funda

Disco de metal ou qualquer outro disco chato (como a base solta de uma forma desmontável para bolo)

Suporte giratório para confeitar bolos com superfície antiderrapante

Sacos para confeitar descartáveis

Filme plástico

Papel-manteiga ou folha de silicone antiaderente

FOLHAS E MARGARIDAS SIMPLES

você vai precisar de

Pasta americana branca
Gordura vegetal branca
Corante comestível em pasta nas cores amarelo e verde
Pó comestível para colorir (opcional)
Uma pequena quantidade de glacê real de picos macios com cor amarelo-claro (ver na página 183)

material

Tábua plástica antiaderente sobre uma superfície antideslizante
Rolo plástico antiaderente pequeno
Cortador ou ejetor em forma de margarida ou similar
Cortador para folhas
Esteca para fazer vincos
Base de espuma perfurada
Paleta de tintas com 10 buracos, ou utilize a base de espuma perfurada
Pincel fino (opcional)
Saco para confeitar de papel (ver na página 184)

Para fazer uma margarida Sove a pasta americana com um pouco de gordura vegetal branca até que que fique uniforme e flexível. Abra a pasta até que fique com 2 mm de espessura.

Coloque o cortador em forma de margarida sobre a massa e pressione firmemente. Levante o cortador e, com seus dedos, retire as rebarbas. Retire a margarida do cortador em cima da base de espuma. Com uma esteca, marque o centro de cada pétala. Coloque a margarida em um dos buracos da paleta ou na base de espuma e deixe secar.

Para colocar um centro amarelo na margarida, utilize um saco para confeitar de papel preenchido com glacê real amarelo claro em picos macios. Confeite um ponto pequeno no centro da flor. Deixe secar.

Para fazer a folha Sove a pasta americana com um pouco de corante comestível verde em pasta e, então, adicione um pouco de gordura vegetal branca até que esteja macia e flexível. Abra a pasta verde até que fique com 2 mm de espessura.

Coloque o cortador de folha firmemente sobre a pasta verde e pressione. Levante o cortador e solte a folha de dentro em cima da base de espuma. Com a esteca, faça um vinco no centro da folha criando uma forma curva. Deixe sobre a base de espuma para secar.

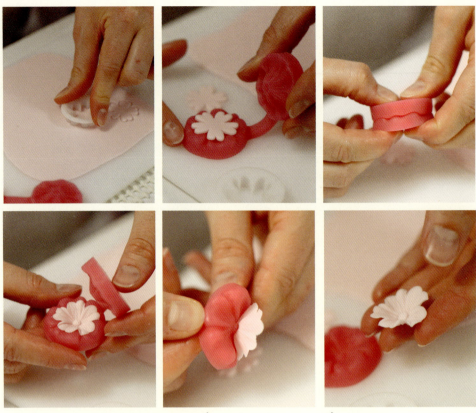

FLORES RÁPIDAS E FÁCEIS

você vai precisar de

Pasta americana branca colorida com corante comestível conforme for necessário
Gordura vegetal branca
Pó comestível para colorir (opcional)
Uma pequena quantidade de glacê real de picos macios (ver na página 183)

material

Tábua plástica antiaderente sobre uma superfície antideslizante
Rolo plástico antiaderente pequeno
Cortador em forma de flor
Molde para fazer os vincos
Paleta de tintas com 10 buracos, ou então utilize uma base de espuma perfurada
Pincel fino (opcional)
Saco para confeitar de papel (opcional)

Sove a pasta americana com um pouco de corante comestível, caso queira, e então adicione a gordura vegetal branca até que fique macia e flexível. Abra a pasta até ficar com 2 mm de espessura.

Coloque o cortador sobre a pasta e pressione com firmeza. Levante o cortador e retire a flor. Corte algumas por vez. Unte o molde para fazer os vincos com um pouco de gordura vegetal. Coloque as flores dentro do molde uma por vez e pressione. Para retirar a flor texturizada de dentro do molde, vire-o de dentro para fora com cuidado e coloque a flor no buraco de uma paleta de tintas ou na base de espuma. Deixe secar por pelo menos algumas horas, mas de preferência de um dia para o outro.

Depois de secas, você pode dar colorações diversas às flores, pincelando-as com um pouco de pó comestível com um pincel fino. Se necessário, confeite um ponto pequeno de glacê no centro da flor e deixe secar.

CRISÂNTEMOS

você vai precisar de

Pasta americana branca colorida com corante comestível, conforme for necessário
Goma adragante
Gordura vegetal branca
Molde de silicone em forma de crisântemo (eu uso um da marca *First Impressions*)

Sove a pasta americana com pequenas quantidades de goma adragante até que fique firme e flexível. Acrescente corante comestível para atingir a coloração desejada. Se a pasta estiver grudenta, acrescente um pouco de gordura vegetal branca. Embrulhe a pasta em filme plástico e deixe firmar por 15-30 minutos.

Esfregue a parte interior do molde com um pouco de gordura vegetal. Pressione uma quantidade de pasta americana do tamanho de uma noz dentro do molde com firmeza. Nivele a superfície com uma espátula para confeitar e depois retire as rebarbas com seus dedos. Com cuidado, vire o molde de dentro para fora para soltar a flor.

FLORES DE PAPEL DE ARROZ

você vai precisar de

Folhas comestíveis de papel de arroz
Spray de brilho comestível nas cores azul, cor-de-rosa e verde
Perfurador de papel em forma de flor

Pulverize o papel de arroz com o brilho comestível e deixe secar por alguns minutos. Deixe o papel o mais plano que for possível, pois o spray fará com que ele fique um pouco ondulado.

Com o perfurador, corte as flores.

APLIQUES DE FLORES

você vai precisar de

Pasta americana branca colorida com corante comestível, conforme for necessário
Goma adragante
Gordura vegetal branca
Uma pequena quantidade de álcool potável incolor, como vodca, ou então cola comestível (ver na página 172)

material

Tábua plástica antiaderente sobre uma superfície antideslizante
Rolo plástico antiaderente pequeno
Cortadores em forma de flor de tamanhos e formas diferentes
Pincel fino

Sove a pasta americana com pequenas quantidades de goma adragante até que fique firme e flexível. Acrescente o corante comestível para obter a coloração desejada e então misture com um pouco de gordura vegetal branca até que fique macio e flexível. Abra a pasta até ficar com 2 mm de espessura. Enquanto não for utilizar, deixe a pasta embrulhada em filme plástico, para que não resseque. Coloque um cortador de flor sobre a pasta e pressione com firmeza. Levante o cortador e retire a flor. Corte flores de quantos tamanhos, formas e cores forem necessários. Pincele o centro de uma flor grande com álcool potável incolor ou cola comestível e fixe uma flor de tamanho médio por cima. Faça quantas camadas com quantas cores e tamanhos desejar. Deixe secar um pouco antes de fixar no bolo.

dica

Os apliques de flores devem estar secos o bastante para manter sua forma, mas maleáveis o suficiente para que você consiga colocá-los em superfícies curvas sem que quebrem.

FOLHAS DE OUTONO

você vai precisar de

Marzipã
Gordura vegetal branca
Pó brilhante comestível nas cores cobre e dourado

material

Molde de silicone para folha de outono (eu uso um da marca *First Impressions*)
Rolo plástico antiaderente pequeno
Pincel macio grande para pó
Base de espuma perfurada para secar as folhas

Faça as folhas com pelo menos um dia de antecedência, para que dê tempo suficiente para secar. Sove o marzipã até que fique macio e flexível. Esfregue um pouco de gordura vegetal branca sobre o interior do molde de silicone. Coloque uma quantidade de marzipã do tamanho de uma noz e, com o rolo, pressione até que o marzipã cubra toda a forma da folha. Achate e nivele a superfície com seus dedos, até que esteja com a espessura uniforme. Em seguida, apare o excesso de marzipã com uma faca de cozinha. Vire o molde de dentro para fora com cuidado para soltar a folha. Coloque a folha sobre um pedaço pequeno de papel-manteiga. Para dar o efeito de outono, pincele a superfície com uma mistura de pó comestível de cor cobre com pó comestível dourado. Transfira a folha para uma base de espuma e deixe secar.

dica

Eu uso marzipã em vez de pasta americana para essas folhas porque seus óleos naturais ajudam no brilho metálico. Se estiver muito mole, sove com um pouco de açúcar de confeiteiro ou goma adragante até que fique firme.

COBRINDO CUPCAKES COM UM SACO PARA CONFEITAR DE BICO REDONDO

A técnica para cobrir os *cupcakes* é a mesma, tanto se você for utilizar um bico redondo (tipo *Perlé*) quanto um bico em estrela (tipo pitanga).

Para preparar o saco descartável para confeitar, corte a ponta criando um orifício grande o bastante para o bico. Coloque o bico e então preencha o saco com a cobertura, que deve estar macia mas, gelada o bastante para que mantenha sua forma em cima dos *cupcakes*. Torça a ponta aberta do saco para que fique bem fechado e segure firmemente nesse local com a mão fechada, para que a cobertura escape por cima.

Segure o saco verticalmente com o bico perto do centro do *cupcake*. Pressione o saco até que a cobertura comece a sair: a pressão deve vir da sua mão fechada. Segure firme a ponta com o bico utilizando sua mão livre. Conforme espalhar a cobertura, mova o bico do centro do *cupcake* ao redor da borda sem parar de pressionar constantemente.

Quando tiver dado toda a volta no *cupcake*, volte vagarosamente ao centro, fazendo outra camada sobre a primeira.

Quando voltar ao centro do *cupcake*, pare de pressionar e empurre o bico dentro da cobertura um pouco (apenas alguns milímetros), e então levante para fora. Esse movimento cria um bico perfeito na cobertura.

Depois que a cobertura estiver feita, refrigere os *cupcakes* por 15-30 minutos para que fique firme antes de colocar outras decorações.

utilizando um saco para confeitar com bico tipo pitanga

COBRINDO CUPCAKES UTILIZANDO UMA ESPÁTULA PARA CONFEITAR

A cobertura deve estar macia e fácil de espalhar.

Com uma espátula para confeitar, coloque a quantidade de cobertura equivalente a duas espátulas sobre o *cupcake*. Com a espátula, espalhe sobre a superfície, raspando rente à borda da forma de papel.

Ainda usando a espátula, espalhe a cobertura ao redor da superfície do *cupcake*, achatando levemente, mas sem perder a forma de cúpula.

Para finalizar, passe a espátula uma vez ao redor da borda da forma de papel, e então levante.

Depois de espalhar a cobertura, resfrie os *cupcakes* por 15-30 minutos, para que fique firme, antes de acrescentar a decoração de sua escolha.

MONTANDO BOLOS COM CAMADAS

você vai precisar de

Cortador de bolo ou uma faca de serra grande
Suporte giratório com superfície antideslizante
Disco chato de metal que seja maior do que o suporte giratório
(eu uso a base removível de uma forma de bolo desmontável)
Base de cartolina para bolos que seja do mesmo tamanho e formato do bolo
Pincel para massas e jarra (se a receita utiliza calda de açúcar)
Espátula para confeitar grande
Raspador lateral de metal

1 Apare uniformemente as superfícies de todas as camadas do bolo utilizando um cortador de bolo ou uma faca de serra grande.

2 Descarte as aparas. Para bolos claros, também apare a base da camada do meio, para eliminar possíveis farelos escuros: isso não é necessário para massas escuras. Se houver farelos escuros sobre o bolo após o corte, esfregue a superfície em movimentos circulares com a sua mão aberta até que a maior parte tenha saído.

3 Coloque um disco chato de metal sobe um suporte giratório. Em seguida, coloque a base de cartolina no centro, fixando-a ao disco com um pouquinho de creme de manteiga ou *ganache*. Espalhe uma camada fina de creme de manteiga ou *ganache* sobre a base de cartolina.

4 Coloque a camada inferior do bolo sobre a base de cartolina, com a parte aparada virada para cima. Se a receita pedir, molhe a camada com calda de açúcar.

5 Com uma colher, coloque o recheio sobre a camada de bolo. Com uma espátula para confeitar grande, espalhe o recheio uniformemente para fora a partir do centro, girando o suporte na direção contrária à da espátula. Segure a espátula paralelamente ao bolo, mas com a lâmina virada um pouco para cima. Espalhe o recheio até que fique com uma espessura de 3-5 mm.

6 Coloque a camada central do bolo por cima da camada inferior; no caso de um bolo claro, essa é a camada que foi aparada em cima e em baixo. Se a receita pedir, molhe o bolo com calda de açúcar.

7 Espalhe o recheio por cima dessa camada da mesma forma que fez no passo 5 e, então, coloque a camada superior sobre a camada do meio com a parte aparada virada para baixo. Pressione com cuidado, utilizando uma mão aberta, para remover possíveis bolsas de ar entre as camadas.

8 Com uma colher, coloque uma quantidade generosa de creme de manteiga, glacê ou *ganache* sobre o bolo.

9 Com a ajuda de uma espátula para confeitar grande, espalhe o creme de manteiga, o glacê ou a *ganache* sobre a parte superior do bolo, como no passo 5. Aplique pressão o suficiente para que a camada fique bem fina e a crosta do bolo esteja visível através da cobertura. O excesso de cobertura deve sair pelas laterais.

10 Segurando a espátula verticalmente, empurre o excesso de cobertura para a lateral do bolo. Espalhe a cobertura lateralmente com um movimento de vai e vem, enquanto gira o suporte no sentido contrário ao da espátula.

11 Quando o bolo estiver coberto, passe um raspador por toda a lateral de uma vez só, para deixar a cobertura o mais uniforme possível. Novamente, essa camada deve ficar bem fina, e a crosta das camadas de bolo deve ficar visível através da cobertura.

12 Limpe a parte superior do bolo raspando qualquer excesso de cobertura das bordas em direção ao centro, com movimentos curtos do pulso. Esta primeira camada é chamada de "camada da crosta"; o seu propósito é segurar quaisquer farelos da crosta e criar uma forma básica para o bolo. Quanto melhor for essa primeira camada, melhor será o resultado final. Resfrie o bolo até que a camada da crosta esteja firme, isso pode levar de 30 minutos a 1 hora.

13–14 Para a cobertura final, cubra a parte superior e as laterais com creme de manteiga, glacê ou *ganache* que esteja livre de farelos, como nos passos 9 e 10. Utilize cobertura o bastante para que não seja possível ver as camadas de bolo. Você precisará trabalhar rapidamente nessa etapa, pois a cobertura da crosta gelada fará com que essa segunda camada endureça mais rápido.

15 Depois que toda a parte superior e as laterais do bolo estiverem escondidas pela cobertura, passe um raspador lateral ao redor em um movimento único, como no passo 11, segurando a borda do raspador contra o suporte de cartolina. Se o resultado não for perfeito na primeira vez, repita esse passo, pois ele necessita de um pouco de prática.

16 Acerte a parte superior do bolo, como no passo 12. Resfrie o bolo no refrigerador por pelo menos 1 hora, ou até que esteja firme.

GLACÊ REAL

ingredientes

Açúcar de confeiteiro, peneirado (ver na página 172)
Uma espremida de suco de limão-siciliano ou de limão comum
Claras frescas ou em pó (misturadas em água de acordo
com as instruções do fabricante)

material

Batedeira elétrica com batedor tipo folha
Espátula de silicone
Tigela média ou recipiente plástico para armazenar alimentos com tampa
Pano úmido limpo
Filme plástico (opcional)

Coloque o açúcar de confeiteiro na tigela da batedeira (que deve estar limpa e sem vestígios de gordura) junto com o suco de limão e as claras.

Bata na velocidade mais baixa até que esteja bem misturado. Você talvez queira cobrir a tigela com um pano para evitar que o pó do açúcar se espalhe para todos os lados. Se a mistura ainda aparentar muito seca, coloque um pouco mais de líquido, até que o glacê pareça macio, mas não úmido. Após aproximadamente 2 minutos, raspe as laterais da tigela para garantir que o glacê ficará bem uniforme. Se a mistura parecer muito seca e granulada nas bordas, acrescente um pouco mais de líquido. Se o glacê parecer líquido e brilhante, acerte a consistência acrescentando um pouco mais de açúcar de confeiteiro peneirado.

Continue misturando na velocidade mais baixa por 4-5 minutos. Fique de olho na consistência, pois glacê real pode ficar aerado demais se bater por muito tempo.

O glacê real estará pronto quando picos firmes aparecerem ao redor da tigela e você ouvir um barulho líquido enquanto o batedor mistura o glacê. O glacê deve ficar uniforme e com uma textura similar a cetim.

Transfira para uma tigela limpa ou recipiente plástico para alimentos e cubra com um pano úmido limpo. O glacê real pode ser armazenado por até 1 semana em temperatura ambiente se estiver coberto por uma tampa ou filme plástico.

PREENCHENDO UM SACO PARA CONFEITAR DE PAPEL COM GLACÊ REAL

Quando for preencher um saco para confeitar de papel com glacê real, utilize aproximadamente uma colher de sopa cheia por vez. A forma mais adequada e que faz menos sujeira é utilizando uma espátula para confeitar, raspando o glacê na borda dobrada do saco para que caia dentro. Com uma espátula para confeitar pequena, empurre o glacê para dentro do saco o mais fundo que for possível.

Depois de preenchido, achate a parte aberta do saco com a emenda centralizada em um dos lados.

Dobre a parte superior do saco de papel para o lado contrário da emenda e continue dobrando até que não seja mais possível continuar, para que você crie tensão dentro do saco; essa tensão facilitará na hora de confeitar.

Armazene o saco preenchido com glacê em um saco plástico que possa ser fechado até a hora em que for usar. Quando chegar a hora de utilizá-lo, faça um corte perpendicular na ponta do saco utilizando uma tesoura afiada.

dica

Depois de armazenado por alguns dias, o glacê pode separar. Se isso acontecer, coloque-o na tigela de uma batedeira e bata na velocidade mais baixa para que se una novamente.

COR E CONSISTÊNCIA

você vai precisar de

Glacê real
Espátula para confeitar pequena
Uma jarra cheia de água
Superfície de trabalho limpa ou disco chato para misturar (você pode também utilizar uma tigela pequena)
Corante comestível líquido ou em pasta
Filme plástico ou saco plástico que possa ser fechado (opcional)

COLORINDO O GLACÊ

1 Coloque o glacê real sobre uma superfície de trabalho limpa ou sobre um disco chato próximo a uma pequena quantidade de corante comestível. Com uma espátula para confeitar não muito grande, pegue uma quantidade pequena de glacê e junte ao corante.

2 Mexa bem para que o corante se misture bem ao glacê, prestando atenção para desmanchar pequenas bolhas, pois essas podem se estourar e vazar enquanto o glacê seca.

3 Depois de misturados, junte o glacê colorido ao glacê branco aos poucos, até que você obtenha a coloração desejada.

A CONSISTÊNCIA DO GLACÊ REAL

4 Para fazer glacê de picos macios, mergulhe a espátula em água e misture o glacê com ela até que ele fique com uma aparência um pouco brilhante e forme picos que tombem, mas mantenham a forma. Essa é a consistência ideal para formar contornos, bordas e pontos, assim como para trabalhar com estêncis.

5 Para fazer glacê real líquido, continue acrescentando água até que o glacê fique brilhante, e se desmanche entre 4-6 segundos ao fazer uma forma. Essa consistência é ideal para preencher os contornos em biscoitos.

FAZENDO UM SACO PARA CONFEITAR DE PAPEL

Pegue um pedaço retangular de papel manteiga – aproximadamente 30 cm x 45 cm – e corte-o pela metade na diagonal, de uma ponta até a outra. Ao invés de fazer uma série de cortes, deslize as lâminas da tesoura através do papel, para obter um corte mais reto.

Segure um dos triângulos resultantes com uma mão no centro do lado mais longo e a outra na ponta do outro lado. O lado mais longo do triângulo deve estar à sua esquerda.

1 Enrole a ponta mais curta à sua direita por cima em direção à ponta que está virada para você, formando um cone.

2 Com sua mão esquerda, enrole a parte longa ao redor do cone duas vezes.

3 Junte a ponta com as outras duas pontas na parte traseira do cone.

4 Se o saco estiver com a ponta do cone aberta, feche-o ajustando e apertando as camadas de dentro e de fora. Mexa as camadas para frente e para trás até que o cone forme uma ponta fina.

5 Dobre as bordas da parte aberta do cone para dentro duas vezes, para evitar que ele se abra.

dica

Quando estiver preenchendo o saco de papel, vá apenas até a metade, caso contrário o conteúdo poderá vazar quando você pressionar. Assim que estiver cheio até a metade, feche o saco dobrando o lado com a emenda por cima do outro lado duas vezes.

A CEREJA EM CIMA DO BOLO

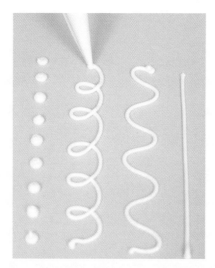

TÉCNICAS PARA CONFEITAR

As técnicas demonstradas acima são muito úteis para praticar suas habilidades como confeiteiro. Ao invés de confeitar diretamente sobre um biscoito ou bolo, apenas pegue um pedaço de papel-manteiga e confeite ali. Você também pode colocar padrões por baixo do papel e desenhá-los com o saco para confeitar. Se você nunca confeitou com glacê real antes, esse método é excelente para treinar suas habilidades, afinal de contas, a perfeição vem com a prática.

Primeiro, faça um corte pequeno na ponta do saco já preenchido com glacê. Segure o saco entre o dedão e os outros dedos da mão de sua preferência; coloque o dedão sobre a parte dobrada no final do saco para que fique firmemente fechado e coloque seu indicador sobre a emenda na parte de trás. Utilize o indicador para guiar a ponta.

CONFEITANDO LINHAS

Segure o saco fazendo um ângulo de 45° com a superfície, toque o ponto inicial com a ponta do saco e pressione o glacê para fora com cuidado. Enquanto pressiona, levante o saco aproximadamente 2,5 cm e guie a linha em sua direção ou então, por exemplo, ao longo dos lados de um biscoito. Quando estiver se aproximando do ponto final, vá abaixando a ponta aos poucos, pare de apertar e deite a linha tocando no ponto final com a ponta do saco. Esse método é chamado de "método do levantamento".

CONFEITANDO PONTOS

Mantenha a ponta do saco 1 mm acima da superfície e pressione o glacê para fora para criar um ponto na superfície. Mantenha a ponta baixa dentro do ponto e deixe que cresça até o tamanho desejado. Quando atingir o tamanho desejado, pare de pressionar e levante a ponta, enquanto faz um movimento circular. Se mesmo assim o ponto formar um bico, achate-o com um pincel fino úmido.

CONFEITANDO VOLTAS E CURVAS

Comece da mesma forma que faria para fazer linhas. Com o saco quase vertical em relação à superfície, toque o ponto de partida com a ponta e pressione o glacê para fora com cuidado. Conforme pressiona, levante o saco aproximadamente 2,5 cm e movimente-o de um lado a outro em movimentos circulares, fazendo com que as linhas se cruzem em intervalos regulares para criar voltas ou curvas igualmente espaçadas.

dica

Se você achar difícil fazer as voltas e curvas em intervalos iguais, marque os pontos onde as voltas devem se encontrar e utilize-os como guia.

OBRIGADA

Eu fico tão orgulhosa de ter escrito este livro! Deliciei-me com cada momento, do conceito inicial à criação das receitas, passando pela sessão de fotos no Salão da Peggy.

Do fundo do meu coração, gostaria de agradecer a todos que me ajudaram a tornar este livro possível. Como sempre, foi um grande trabalho em equipe, e eu não conseguiria torná-lo realidade sem a ajuda de algumas pessoas muito especiais.

Gostaria de agradecer à minha editora e à equipe da Quadrille Publishing, Alison Cathie, Jane O'Shea, Helen Lewis e Lisa Pendreigh, por todo o apoio e entusiasmo durante a criação deste livro. Como sempre, foi maravilhoso trabalhar com vocês.

Um grande obrigado para minha fotógrafa favorita, Georgia Glynn Smith, que mais uma vez conseguiu criar imagens mágicas. Outro para a talentosa estilista Vicky Sullivan, por criar os cenários perfeitos para os meus bolos, e também para a Helen Bratby, por ter projetado este livro maravilhoso. Estou tão feliz por vocês terem feito parte da equipe, e sei que não teria conseguido sem vocês.

Também gostaria de agradecer à incrível artista Carol Gillott, por ter criado uma ilustração tão maravilhosa para a capa. Eu sou fã do trabalho dela há tanto tempo e estou muito empolgada por trabalhar com ela.

Gostaria de agradecer ao Mark Shipley, por sua orientação inestimável e experiência nos negócios. À minha colega Stephanie Balls, por me auxiliar no conceito inicial do livro e por sempre estar por perto quando me faltavam as palavras. Um enorme obrigado à minha talentosa confeiteira Marianne Stewart, que teve um papel-chave na criação de algumas das receitas mais deliciosas deste livro. Também ao meu time de talentosas decoradoras de bolos: Cinthia Panariello, Franziska Thomczik, Maxie Giertz, Naomi Lee e Nicola Fürle. Vocês foram essenciais durante toda a produção.

Obrigado aos meus anjos da equipe de vendas, Zane Sniedze, Laura McGowan, Patience Harding, Reena Mathen e Theresa Thomczik, que deram brilho às páginas com seus lindos sorrisos.

Deixo um grande agradecimento à nossa modelo, a adorável Eleanor Jones, por comer mais casquinhas de bolo que qualquer criança da sua idade deveria, e ao Javier e ao Toni da empresa *By Appointment Only Design* por terem contribuído com os lindos arranjos de flores.

Gostaria também de aproveitar esta oportunidade para agradecer a toda a equipe da *"Peggy Porschen Cakes"*. Foi um primeiro ano fantástico, e vocês todos ajudaram a tornar o Salão no melhor lugar em Londres para se comer bolo – bom, é o que eu acho de qualquer forma. Sinto-me abençoada de ter uma equipe tão talentosa e entusiasmada, e realmente adoro trabalhar com todos vocês.

Deixo um obrigado muito especial para minha grande tia-avó Anita Leibel e seu neto Fabian. Ambos têm se dedicado muito para colecionar peças de porcelana antigas, muitas das quais eu utilizei como decoração para este livro. Desde então, eu me empolguei com essa coleção de porcelanas, e a minha está cada vez maior.

Quero agradecer ao meu pai, Lee Pollock e a Toni Franken, Brian Ma Siy e Chalkley Calderwood, por me ajudarem a tornar minha visão criativa do Salão em realidade, e a todos os nossos fornecedores que nos apoiaram desde o início.

Um obrigado de coração a vocês, nossos clientes, passados e presentes, por seu apoio e confiança, que ajudaram a transformar *Peggy Porschen Cakes*, de um pequeno negócio, à marca que é hoje.

Por último, mas não menos importante, deixo minha enorme gratidão com a minha família, por me dar toda a força e apoio que eu poderia desejar e muito mais.

FORNECEDORES

A maior parte do equipamento e dos ingredientes que utilizei para criar os bolos e outras receitas neste livro são encontrados em fornecedores especializados em decoração de bolos e, cada vez mais, os itens mais comuns estão sendo disponibilizados em supermercados e lojas de equipamentos de cozinha.

No meu próprio site – **www.peggyporschen.com** – você irá encontrar uma loja online onde poderá adquirir utensílios especiais para a decoração de bolos e ingredientes, além de uma boa variedade de cortadores de biscoito, entre outros produtos para confeitaria. Além disso, há também algumas geleias artesanais e misturas para chá em folhas soltas disponíveis da *Peggy's Pantry* (A despensa da Peggy).

Ao longo de cada ano, eu dou uma série de cursos na *Peggy Porschen Academy*. Logo, se você quiser, por exemplo, aperfeiçoar suas técnicas na hora de confeitar para criar biscoitos incríveis, ou melhorar sua habilidade para fazer *cupcakes* decorados, há cursos adequados.

A cada manhã, a minha equipe de confeiteiros especialistas prepara uma nova seleção de bolos em camadas, *cupcakes*, biscoitos e outras guloseimas fresquinhas para os visitantes do Salão da Peggy Porschen, tanto para apreciá-los lá mesmo enquanto bebem algum chá artesanal ou café como para levar e degustá-los em casa, na hora do chá. Se você gostou das receitas neste livro, espero que venha nos visitar.

Peggy Porschen Academy
(Academia Peggy Porschen)
30 Elizabeth Street
Belgravia
Londres SW1W 9RB
www.peggyporschen.com

Peggy Porschen Parlour
(Salão da Peggy Porschen)
116 Ebury Street
Belgravia
Londres SW1W 9QQ
www.peggyporschen.com

ÍNDICE REMISSIVO

abacaxi
    bolo de cenoura formidável 112-15
Advento com biscoitos, calendário do 45
amêndoas
    bolo *Battenberg* de chocolate 141-3
    bolo de limão com amêndoas e sementes de papoula 128
    cúpula de framboesa com rosas 130-7
    macarons da Peggy 27-9
    tortinhas *Bakewell* de cereja 19-21
amendoim, *smoothie* de banana com 166
avelãs
    bolo crocante de chocolate com *marshmallow* e pistache 16
    torta de chocolate com avelãs 125-7

b

Bakewell, tortinhas de cereja 19-21
banana
    bolo de banana com cobertura de banana 147
    cobertura de banana 147
    cupcakes de *banoffee* 56-9
    smoothie de banana com amendoim 166
baunilha, *cupcakes chiffon* de 75-7

Battenberg, bolo de chocolate 141-3
bebidas 156-68
    chá gelado de frutas vermelhas 160
    chocolate quente branco com baunilha 163
    chocolate quente caseiro 165
    limonada cor-de-rosa 156
    minteani 159
    smoothie de banana com amendoim 166
biscoitos 36-53
    biscoitos cítricos de borboletas 36
    biscoitos floridos 40
    biscoitos *Springerle* 39
    calendário do Advento com biscoitos 45-7
    colheres de biscoito de chocolate 43
    estrelas de vinho quente 52
    vila de biscoitos de gengibre 48-51
borboletas, biscoitos cítricos de 36

calendário do advento com biscoitos 45
camadas, bolos em 87-119
    montagem 181
caramelo
    bolo cremoso de caramelo 100-3
    cupcakes de *banoffee* 56-9

caramelo, *cupcakes* de 61-3
cenouras: bolo de cenoura formidável 112-15
cerejas
    cupcakes Floresta Negra 65-7
    bolo luxuoso de frutas 148-53
    tortinhas *Bakewell* de cereja 19-21

chá gelado de frutas vermelhas 160
cheesecakes de frutas silvestres em três camadas
chocolate
    bolo *Battenberg* de chocolate 141-3
    Bolo crocante de chocolate com *marshmallow* e pistache 16
    bolo de banana com cobertura de banana 147
    bolo de chocolate branco com maracujá 108-11
    bolo napolitano marmorizado 123
    bolo trufado de chocolate meio amargo 105-7
    chocolate quente branco com baunilha 163
    chocolate quente caseiro 165
    colheres de biscoito de chocolate 43
    cupcakes de *banoffee* 56-9
    cupcakes divinos de chocolate 78-81
    cupcakes Floresta Negra 65-7

torta de chocolate com avelãs 125-7
coberturas
    banana 147
    técnicas para *cupcakes* 178-9
colheres de biscoito de chocolate 43
confeitar
    fazer sacos para confeitar 184
    técnicas 178, 182, 185
cranberries
    bolo luxuoso de frutas 148-53
    cosmo *cupcakes* 82
    limonada cor-de-rosa 156
cupcakes
    cobertura 178-9
    cupcakes chiffon de baunilha 75-77
    cupcakes de *banoffee* 56-9
    cupcakes de caramelo grudento 61-3
    cupcakes de limão-siciliano e framboesa 73
    cupcakes de morango com *champagne* 69-71
    cupcakes divinos de chocolate 78-81
    cupcakes Floresta Negra 65-7
cúpula de framboesa com rosas 130-7

decorações para bolo
    apliques de flores 176
    crisântemos 175

flores de papel de arroz 175
flores rápidas e fáceis 174
folhas de outono 177
folhas e margaridas 173

figos: bolo luxuoso de frutas 148-53
flores decorativas
  apliques de flores 176
  crisântemos 175
  flores de papel de arroz 175
  flores rápidas e fáceis 174
  folhas de outono 177
  folhas e margaridas 173
Floresta Negra, *cupcakes* 65-7
floridos, biscoitos 40
framboesas
  cheesecakes de frutas silvestres em três camadas 145
  cupcakes de limão-siciliano e framboesa 73
  cúpula de framboesa com rosas 130-7
frutas secas: bolo luxuoso de frutas 148-53
frutas vermelhas/silvestres
  bolo de verão de frutas vermelhas 87-9
  chá gelado de frutas vermelhas 160
  cheesecakes de frutas silvestres em três camadas 145
frutas, bolo luxuoso de 148-53

g

gemada, mini bolos *kugelhopf* de 138
gengibre, biscoitos de calendário do Advento com biscoitos 45-7
  vila de biscoitos de gengibre 48-51
glacê
  decorações e técnicas 173-85
  glacê real 182-3

joconde, bolo: cúpula de framboesa com rosas 130-7

kugelhopfs, mini 138

laranja
  biscoitos cítricos de borboletas 36
  bolo trufado embriagado de laranja 91-3
limão
  biscoitos cítricos de borboletas 36
limão-siciliano
  biscoitos cítricos de borboletas 36
  bolo de limão com amêndoas e sementes de papoula 128

bolo de limão *limoncello* 97-9
cupcakes de limão-siciliano e framboesa 73
limonada cor-de-rosa 156

m

macarons da Peggy 27-9
maracujá, bolo de chocolate branco com 108-11
marshmallow
  bolo crocante de chocolate com *marshmallow* e pistache 16
  gotas de *marshmallow* 32
marmorizado, bolo napolitano 123
material 172
minteani 159
mirtilos: *Cheesecakes* de frutas silvestres em três camadas 145
morangos
  cheesecakes de frutas silvestres em três camadas 145
  cupcakes de morango com *champagne* 69-71

n

napolitano, bolo marmorizado, 123
nozes
  bolo de banana com cobertura de banana 147
  bolo de cenoura formidável 112-15

p

papel de arroz, flores de 175
papoula, bolo de limão com sementes de 128
passas: bolo luxuoso de frutas 148-53
Peggy, *macarons* da 27-9
pirulitos de bolo na casquinha de sorvete 22-5

r

real, glacê 182-3
rosquinhas, de canela 31

s

Springerle, biscoitos 39
suspiros 15

t

torta de chocolate com avelãs 125-7
tortinhas *Bakewell* de cereja 19-21
trufado, bolos
  chocolate meio amargo 105-7
  embriagado de laranja 91-3

u

verão, bolo com frutas vermelhas 87-9
Victoria, bolo 116-19
vinho quente 168